AI 페르소나

인공지능총서

인공지능 시대입니다. 기계가 인간의 인지를 대신하고, 사물이 인간을 통하지 않고 다른 사물과 직접 커뮤니케이션합니다. 이에 따른 인간 삶과 문명 변화를 정확히 이해 · 예측 · 대응하는 것은 이 시대 우리 모두의 과제입니다. 인공지능총서는 인공지능 기술과 환경의 여러 주제를 10가지 키워드로 정리합니다. 관련 개념과 이론, 학계와 산업계의 쟁점, 우리 일상의 변화를 다룹니다. 인간과 기술의 현재, 미래를 세심히 분석합니다.

일러두기

- 인명, 작품명, 저서명, 개념어 등은 한글과 함께 괄호 안에 해당 국가의 원어를 병기했습니다.
- 외래어 표기는 현행 어문규정의 외래어표기법을 따랐습니다.

처음이세요?

전문가세요?

지금, 큐알 찍으면

- 🎁 AI 입문서 바로 선물
- 📚 당신만의 필독서 추천
- 📖 500권 요약본 공짜
- 🎧 오디오북 무료 사용

AI 페르소나

진설아

대한민국, 서울, 커뮤니케이션북스, 2025

AI 페르소나

지은이 진설아
펴낸이 박영률

초판 1쇄 펴낸날 2025년 2월 4일

커뮤니케이션북스(주)
출판 등록 2007년 8월 17일 제313-2007-000166호
02880 서울시 성북구 성북로 5-11
전화(02) 7474 001, 팩스(02) 736 5047
commbooks@commbooks.com
www.commbooks.com

ISBN 979-11-7307-452-3 03500

책값은 뒤표지에 표시되어 있습니다.

차례

AI, 인간의 얼굴

얼굴의 진화

호모 사피엔스가 현재와 같은 발전을 이루고 살아가기 위해 중요한 역할을 한 것 중에 '얼굴'이 있다. 현재 우리가 갖고 있는 '인간의 얼굴'은 오랜 기간에 걸친 진화의 산물이다. 여타의 유인원들과 다를 바 없었던 호모 사피엔스가 수많은 '호모' 종과의 경쟁에서 이기고 야생동물과 거친 자연 속에서 살아남는 데에 '사회화'가 중요한 역할을 했고, 인간의 얼굴에는 그 변화의 과정이 고스란히 담겨 있다.

거대한 사회를 이루고 또한 그 안에서 개인이라는 정체성을 갖고 살아가기 위해 인간의 얼굴은 다양한 기능을 한다. 우선 얼굴은 소통의 핵심 역할을 하는 신체 부위다. 정교한 언어를 사용할 수 있도록 발달한 턱과 혀의 구조. 그리고 무엇보다 인간이 사용하는 비언어적 표현의 핵심이 되는 표정의 출발점이기 때문이다(Wilkins, 2017). 얼굴은 인간이 세상과 통하는 창이다.

또한 얼굴은 인간의 정체성이다. 이토록 수많은 개체

들이 함께 살아가는 사회 안에서 내가 나임을 증명하는 도구인 주민등록증이나 운전면허증, 여권에 실린 나의 얼굴이 그것을 말해 준다. 우리는 서로의 얼굴을 구분하면서 나라는 존재를 명확히 하고 타인과 나의 경계를 확인한다. '사람의 얼굴은 열두 번 변한다'거나 '천의 얼굴을 가진 배우' 등 인간의 정체성에 관한 많은 관용구에 '얼굴'이 들어간다는 것은 놀랄 일이 아니다.

그 중 '제 얼굴은 제가 못 본다'라는 표현에는 인간과 얼굴의 역설적인 관계에 대한 고찰이 담겨 있다. 바로 인간은 결코 자신의 얼굴을 직접적으로 볼 수 없다는 것이다. 심리학의 '거울 이론'은 인간이 '거울'을 통해 처음 자신의 얼굴을 확인하고서야 비로소 타인과는 다른 나, 즉 '자아'라는 개념이 성립할 수 있음을 설명한다(우치다, 2002: 6장). 결국 인간은 자신의 얼굴을 확인하기 위해 늘 외부의 도움을 받아야 한다.

처음에는 기껏해야 매일 마주하는 가족이나 친구의 시선을 통해서만, 아니면 잔잔하게 맑은 물의 표면에서만 나의 얼굴을 확인할 수 있었을 것이다. 그때의 인간이 변하지 않는 '나'라는 존재의 굳건함을 발견할 수 있었을까. 그리고 점차 그림이나 사진을 통해 자신의 얼굴을 베껴 보존하는 일이 가능해진다. 말 그대로 나의 얼굴을

'있는 그대로' 복사해 보여 주는 사진의 존재란 얼마나 경이로운 것이었을까.

그러니 사진에 영혼이 담겨 있을 것이라는 100여 년 전 사람들의 공포를 충분히 이해할 수 있다. 하지만 무언가를 있는 그대로 복제하고 또한 그것을 무한히 증식시킬 수 있는 도구란 불안한 인간의 삶에 '실재'라는 관념을 가져다주었다. 그 후로 인간은 스스로를 증명하기 위해 동네 사람들의 평판이나 가문의 이름 대신 사진을 사용해 왔다. 자신의 얼굴을 존재의 증명이자 정체성의 확인 도구로 여겼던 것이다.

반면 소위 말하는 요즘 아이들에게 사진은 놀이다. 사진을 찍는 것부터 시작해 이미지를 보정하고, 거리낌 없이 SNS를 통해 불특정 다수의 대중에 공유하는 것까지 그들에게는 즐거운 놀이라는 인식이 크다. 이런 시대에 사진과 그 안의 얼굴은 더 이상 무엇인가에 대한 증명이 되기 어렵다. 더불어 그저 정보로서 소비되는 이미지들 자체가 무언가의 정체성을 보장한다고 말하기 어려운 대상이 되었다. 누군가의 SNS에 올라온 프로필 사진을 보며 그것이 그 사람의 '진짜' 얼굴이라고 생각하는 이들은 과연 몇이나 될 것인가.

결국 도구의 변화와 함께 인간의 얼굴은 다시 진화의

기로에 서 있다. 그리고 그 도구의 중심에는 AI(Artificial Intelligence)가 있다. 2024년에는 청소년들 사이의 딥페이크 범죄가 세간을 떠들썩하게 했다. 자신의 친구나 선생님의 얼굴을 성적 영상에 합성한 이 딥페이크 포르노들은 사람의 눈으로 구분할 수 없는 새로운 현실을 만들어 낸다. AI의 등장은 이제 인간의 얼굴을 '실재의 것', 혹은 '정체성'으로 볼 수 없게 한다. 이제 인간의 얼굴은 신뢰를 잃고 가상의 세계로 진입했다.

이렇게 AI가 인간 얼굴의 진화에 관여하는 것은 단지 기술적인 측면에서의 일이 아니다. 현재 AI는 얼굴로 표상되는 인간의 정체성, 사회적 관계 모두를 변화시키고 있다. 디지털 기기들과 그것을 기반으로 한 소셜미디어가 인간관계에서 중요한 자리를 차지한 지는 이미 오래되었다. 현재 우리가 걱정해야 할 부분은 디지털 기기의 반대편에 더 이상 인간이 서 있지 않을 것이라는 문제다. AI 비서를 일자리에 동석시키고, 그들과 일상 대화를 나누거나 사람에게는 할 수 없는 속 깊은 상담을 하는 등 AI는 이미 인간의 자리를 대신하고 있다.

하지만 우리는 아직 AI를 어떠한 존재로 여겨야 하는지 결정하지 못했다. 많은 일본인은 자신이 키우던 로봇개의 장례식을 치러 주거나 그들을 계속 곁에 두기 위해 배터리의 전원을 아껴가며 켰다 끄기를 반복한다. 전장에서 병사들은 자신들과 함께 활동하는 로봇 병사를 '팀원'으로 인식하고 그들을 잃었을 때 마치 가족을 잃은 것처럼 슬퍼한다. 반면 무역 박람회에 전시되었던 인간 여성을 본뜬 AI 사만다는 야만스럽게 유린당하고 버려졌으며 AI 비서 알렉사는 수많은 언어폭력에 시달렸다. 최초의 생성형 AI들이 인간으로부터 처음 배운 것은 혐오와 차별의 언어이며, 많은 이들이 AI를 자신의 취향에 맞는 노예로 길들이려 했다는 것은 놀라운 사실이 아니다(Herts, 2001).

AI에 관한 윤리적, 법적 문제들이 등장하자 이에 대한 대응책을 마련하는 것도 시급한 일이 되었다. 하지만 법적, 교육적 대응책을 마련하기 전에 우리가 먼저 생각해 봐야 할 것은 AI라는 존재를 무엇으로 판단해야 하는지다.

AI는 독립적인 존재인가

우선 "AI란 무엇인가"라는 다소 복잡하며 범위가 넓은 질문부터 해 보자. AI가 무엇인지에 대해 기술적, 경제적 혹은 윤리적이나 종교적인 형태의 다양한 답변이 존재한다. 여기에서는 인문학의 관점에서 인간 사회의 AI 지위에 대한 논의를 확인하는 것으로 시작하려 한다.

첫 번째 논의 지점은 AI의 개체성, 그리고 독립성에 대한 것이다. AI는 무엇에, 특히 '인간에 속한' 존재인가, 아니면 '독립성'을 가진 개체인가. 우선 무엇보다 분명한 AI의 존재론적 특성은 그것이 인공물이라는 점이다. 보통 사람들은 인공적인 것보다 자연적인 것을 더 우월한 존재로 여긴다. 화장품이나 음식에 "자연 물질 포함"이나 "유기농"이라는 단어가 포함되었을 때 대중의 선호도가 높아진다는 것만 보아도 알 수 있는 일이다. 인간은 자연을 인간과 대등한 대상으로 보지만 인공물은 인간이 만들어 낸 도구의 측면으로만 생각하는 경향이 있다. '인공'이라는 말에는 인간이 만든 것이므로 인간의 이해 아래에 있는 사물이라는 개념이 반영된다. 반면 '자연'이 만든 것들에는 인간이 이해할 수 없는 신비로운 생명의 작용이 깃들어있는 것처럼 여겨진다.

AI는 이러한 기존의 관념에 맞지 않는 대상이다. 그것은 분명 '인공'이고 인간이 만들어 낸 것임에 분명하지만 이미 보통의 인간들보다 뛰어나거나 인간에 대등한 역할을 하고 있다. 그리고 무엇보다 인공지능은 이미 인간의 이해를 넘어선 논리로 움직이는 대상이다.

인공화란 인공 대상 안에서의 추상화 과정이다. 이와 반대로,

> 기술적 구체화를 통해서, 원래 인공적이었던 대상은 점점 저 자연적인 대상에 비슷하게 된다. (Simondon, 1958/2012; 70)

질베르 시몽동(Gilbert Simondon)은 기술적 대상, 즉 인공물을 독립성을 가진 개체로 본 학자다. 시몽동이 이러한 내용을 자신의 논문으로 발표한 것은 1958년의 일이며, 그 출발점이 현재의 AI와 같은 대상이 아닌 자동차의 모터 같은 것들이었다는 점은 놀라운 일이다. 인공지능이라는 개념이 겨우 한 개인의 상상이나 이야기 속에서 나올까 말까 한 시기에 이미 인공물의 존재 양식에 대한 혁신적 사고의 전환을 요청하고 있는 것이다.

방대한 시몽동의 논의를 간단하게 말하자면 결국 '인공물은 독립적인 존재이며, 관계를 맺고 그 안에서 진화한다'는 것으로 요약할 수 있다. 이는 현재 우리가 AI를 인식할 때 겪는 어려움과 혼란에 대한 하나의 해답을 제공한다. 인공지능이 인간이 만든 인공물임에도 불구하고 인간에 속해 있는 도구가 아닌 독자적인 개체이자 생명체로 움직인다는 것에 놀랄 필요 없이 그것을 모든 '기술적 대상들의 진화'라는 과정으로 받아들여야 한다는 것을 말이다.

기술적 대상들이 처음부터 자연적 대상처럼 인식되는

것은 아니다. 처음에는 단순한 기술적 요소들로 시작해 각각의 요소들이 결합하고 서로 연결되어 전혀 새로운 기술적 대상을 만들어 낸다. 이 연결의 사이에는 단순히 기술과 기술의 더하기만 있는 것이 아니라 변증법적 발전 과정도 포함된다. 그리고 그렇게 만들어진 기술적 대상은 또한 다른 기관이나 인간과 연결되어 새로운 방식으로 작동하거나 이해할 수 없는 결과를 만들어 내기도 한다.

예를 들어 증기기관을 생각해 보자. 단순히 연료를 태워 발생하는 열을 동력으로 사용하는 것을 증기기관이라 부르지만 그것의 탄생에는 열역학 원칙이라는 과학 이론이 바탕이 되어 있다. 또한 에너지를 보존할 수 있는 장치, 즉 외부의 압력이나 간섭으로부터 에너지를 보호할 수 있는 장치를 만들 수 있는 볼트와 너트 같은 기술적 요소들의 발명이 필요했다. 그렇게 만들어진 증기기관은 단지 모터를 움직이는 동력으로서의 의미만을 갖지 않는다. 증기기관은 근대화의 상징이며 세계대전과 제국주의, 그리고 현재의 기후 문제를 발생시킨 대상이다. 결국 인간은 특정한 기술적 요소들을 만들어 내는 부분에는 관여할 수 있으나 그 대상들이 무엇과 어떠한 관계를 맺는지, 마침내 하게 될 역할은 무엇인지를 한정 짓는 일을 할 수는 없다.

물론 시몽동이 기술적 대상들을 인간으로부터 해방하기 위해 이러한 주장을 한 것은 아니다. 오히려 그는 인간과 기술적 대상들의 올바른 관계를 정립하고 싶어 했다. 여기에서 시몽동이 주목한 부분은 바로 기술적 대상들과 인간의 '관계'라는 요소다. 단지 주인과 노예, 사용자와 도구라는 일방적인 종속의 관계가 아니라 독립적 존재로서의 기술적 대상의 작동 방식과 그 안에 축적된 기술적 요소들에 대한 인간의 인식이 필요하다는 의미로서 말이다.

인간은 자신의 주변에 있는 기술적 대상들에 대해 제대로 이해하고 있는가. 이 질문은 AI 시대 이전의 우리에게는 큰 문제가 되지 못했다. 세탁기나 냉장고, 하물며 자동차의 작동 원리를 모른다고 하더라도 그것들을 사용하는 데에는 아무런 문제가 없다고 생각해 왔다(사실은 문제가 있었지만 개개인에게는 크게 와닿지 않는 이야기다). 하지만 AI는 다르다. 현재의 AI는 그 출발점에서부터 인간의 이해를 벗어나 있으며 그것의 독자적인 작동 방식은 인간을 혼란스럽게 만들기에 충분하다.

이제 우리는 AI가 인간의 통제 아래에 있다거나 인간에 속한 도구라는 생각을 버려야 한다. AI의 독립성을 받아들이고 그를 한 개체로서, 자연적 대상처럼 우리가 이해할 수 없는 논리를 가진 대상으로서 바라보며 그 신비로운 부분들을 읽어 내는 데에 집중해야 한다.

AI는 마음을 가지고 있을까

AI의 지위 문제에서 중요한 두 번째 특성은 과연 AI에게 '마음(mind)'이 있는지의 문제다.

> 마인드 클럽의 회원 자격이 중요한 이유는 이것이 분명한 특권과 연관되기 때문이다. 즉, 마음이 있는 존재에게는 존중, 책임, 도덕적 지위가 인정되는 반면에, 마음이 없는 존재는 무시와 파괴의 대상 혹은 사고팔 수 있는 소유물로 전락된다.(Wegner & Gray, 2016)

인간이 낯선 대상을 판단할 때 가장 기본적으로 사용하는 기준은 '그에게 마음이 있는가'다. 백인종이 처음 흑인이나 황인종을 마주했을 때 그들은 일방적으로 유색인종에게는 자신과 같은 마음이 없을 것이라 판단했다. 그리고 이 판단은 그저 판단 자체로만 머무는 것이 아니라 유색인종을 노예화하고 도구화하는 것을 정당화하는 논리로까지 연결되는 문제를 가져온다(물론 이 앞

뒤 관계가 바뀌는 경우도 다반사다). 흑인 노예 시절 백인들의 논리를 보면 그들을 자신과 같은 인간의 마음을 가진 존재가 아닌 동물이나 기계와도 같은 인간 이하의 대상들로 보는 태도가 나타나는 것을 알 수 있다(Smith, 2012).

마음의 존재 여부는 인간에게 대상이 행위 능력과 경험 능력을 가지고 있는가를 결정하게 한다. 예를 들어 우리는 아기와 로봇이 절벽에 매달려 있을 때 당연히 아기를 구해야 한다고 생각한다. 반면 아기와 로봇이 총을 만지다가 발사해 사람이 다쳤을 경우 아기에게는 아니지만 로봇에게는 책임을 물어야 한다고 생각한다. 아기는 고통이나 공포를 감각할 수 있는 경험 능력을 가지고 있지만 의도를 가지고 행동하고 책임질 수 있는 행위 능력은 없는 존재로, 로봇은 반대로 행위 능력이 있으나 경험 능력은 없는 존재로 인식하기 때문이다.

> 도덕적 권리를 인정받으려면 경험을 필요로 한다. 이런저런 것을 느끼는 내면세계가 있어야 하고 경우에 따라서는 고통을 느낄 줄도 알아야 한다. 반면에 도덕적 책임을 지려면 행위 능력이 있어야 한다. 무언가를 계획하고 실천하며 자신의 생각의 결과를 이해할 수 있는 능력이 있어야 한다.(Wegner

& Gray, 2016)

이 구분에 따르면 대체로 AI는 도덕적 책임은 있으나 도덕적 권리는 없는 존재로 인식된다. 즉, 우리는 AI의 행위에 책임을 묻기는 하겠지만 AI의 고통에 공감하지는 못한다는 것이다. 여기에서 AI는 인간의 친구라거나 가족일 수 없는, 그저 '고성능 기계'일 뿐이다. 하지만 이렇게 AI의 마음을, 그리고 그것에 따른 그의 지위를 결정하는 것이 옳은 일일까.

마음이란 무엇인가. 인간은 자신이 마음을 가지고 있다고 믿지만, 사실상 그것을 확인할 방법은 없다. 그저 대상의 표정을 보고 그가 기뻐하는지 슬퍼하는지를 파악하고, 하는 행동이나 말을 통해 대상의 지능이나 인식의 정도를 확인할 수 있을 뿐이다. 결국 '마음'의 유무를 통해 대상을 '인간적'으로 판단하고 대우하는 인간의 방식은 부정확하며 제멋대로이기까지 하다는 문제가 있다.

우리는 강아지의 표정을 보고 그가 기뻐하고 있다고 '추측'만을 할 수 있다. 어느 전문가가 등장해 그러한 행동은 강아지가 좋아하지 않는다고 주장해도 우리는 '우리 집 강아지는 좋아한다'고 믿을 것이다. 결국 이러한 방식의 마음 인지는 특정 집단에 보편적으로 부여되는 것이 아니라 실제의 관계 안에서 개별적으로 주어지게 된다.

인간은 이미 우리의 삶에 들어와 함께 살아가고 있는 AI에게서 마음을 인지하고 있다. 누군가는 AI를 친구나 동료처럼 대하고, 다른 누군가는 반려동물처럼 대한다. AI가 인간보다 뛰어난 지능을 가졌으니 행위에 스스로 책임져야 한다고 주장하는 이들도 있고 그들이 감정을 느끼지 못하는 기계라는 말에 반발하는 이들도 있다. 결국 'AI를 마인드 클럽에 들일 것인가'의 문제는 철학적 사유에서가 아니라 실제 우리가 마주하는 삶의 부분에서 직접 해결해야 하는 문제가 되었다.

서사라는 '경계'에서 함께

생태계의 구조를 설명하는 말 중 '경계(edge)'라는 표현이 있다. "2개의 서로 다른 생태계가 만나는 지형"인 이 '경계'는 생태계가 고립되지 않고 다양성을 유지하게 하는 데 중요한 역할을 하는 지형이다. 예를 들어 지구라는 생태계에서는 정글이나 갯벌이 경계의 지형으로 알려져 있다(Nordell, 2022).

'경계'는 인간에게도 중요한 개념이다. 인간은 늘 누군가 혹은 무언가와 마주하고 갈등하며 살아가고 있기 때문이다. 하나의 인간 생태계가 다른 생태계와 마주치고 갈등을 겪는 것은 필연적이다. 그것은 과거에는 자연이었고, 다른 인종이나 성별의 인간이기도 했다. 기술의 발전과 함께 마주할 수밖에 없는 수많은 경계들에서 인간은 새로운 존재들과의 만남을 계속하고 있다. 그리고 지금 우리 인간계가 마주하고 있는 중요한 이질적 생태계의 한쪽에 AI가 있다. 인공지능, 즉 AI라는 대상은 복잡한 존재의 특성을 갖고 현재 수많은 쟁점의 중심에 있다.

AI가 가진 기술적 특성이나 효과적 사용법의 문제를 다루려는 것은 아니다. 그 문제들에 대해서는 수많은 전문가들의 의견들을 확인해 보면 될 것이다. 이 책에서 묻고자 하는 것은 바로 인간과 AI가 그려 내고 있는 '경계'의 모습이다. 갯벌의 생태계를 살피는 일이 지구의 환경과 동식물, 그리고 인간이 앞으로 잘 살아가기 위한 필수적인 준비라고 한다면 인간과 AI의 경계를 살피는 일 역시 그러할 것이다.

하지만 문제는 인간이 스스로 경계에 빠져 있는 상태로는 경계를 살피고 분석하는 일이 불가능하다는 점이다. 다행인 것은 인간에게는 인간 사회를 반영한 예술과 문화적 대상들이 있고, 이야기는 그중에서도 가장 효과적인 경계의 지형이 되어 줄 것이라는 점이다. 인간과 AI

의 갯벌. 그것이 이야기, 즉 '서사' 장르가 인간의 문화에서 차지하고 있는 지점이다.

인공지능과 인간의 가장 큰 차이점은 인공지능은 정보로 세상을 이해하고 인간은 이야기로 세상을 이해한다는 점일 것이다. 캐서린 헤일스(Katherine Hayles)는 인간은 곧 '정보'와 다름없다는 주장에 대해 정보만으로 세상을 이해하는 일은 불가능하고, 정보를 이해하기 위해서는 신체라는 물리적 맥락이 필요하다고 주장한다. 그리고 그가 말하는 인간 사회의 맥락은 주로 서사라는 형식을 통해 주어진다(Hayles, 1999/2013).

또한 이야기를 읽고 말하는 것은 그 자체로 인간이 세상과 만나고 그것을 이해하고 공감하는 방식이다. 이야기는 그것을 말하고 듣는 존재들을 필요로 하기 때문에 우리에게 '이야기 공동체'를 갖도록 한다(한병철, 2023). 하나의 이야기는 그것이 전승된 사회를 반영하고 그 사회를 이루는 이들의 인식과 관념을 반영한다. AI에 대한 이야기는 AI와, 그와 함께 살아가는 인간, 그리고 그들이 놓인 사회를 바라보게 한다. 결국 AI를 이해하고 그것과 함께 살아가는 삶의 방향을 올바르게 이끌기 위해서 우리는 인간과 AI의 이야기를 들여다보아야 할 것이다.

그리하여 이 책의 목표는 서사라는 경계의 지형에서 인간과 AI가 어떻게 서로 갈등하고 화해하며 살아가고 있는지를 확인하는 것이며, 그 과정에서 AI서사에 반영된 현재와 미래의 인간, 그리고 AI라는 타자의 얼굴을 확인하는 데에 있다.

책의 기본적인 내용은 모두 AI가 등장하고 그들을 바라보는 명확한 주제의식을 가지고 있는 서사 장르의 작품을 기반으로 한다. 그러한 서사들에 대해 무엇이 옳고 그른지 판단을 내리려고 하기보다는, 현재 우리가 바라보고 있는 AI와 함께하는 사회의 모습이 어떠한지를 구체적으로 그려 내고자 하는 것이다. 나아가 이는 앞으로 우리가 가야 할 AI와 인간, 그리고 지구와 우주상의 모든 존재들에게 함께 해야 할 미래에 대한 청사진을 제공할 수 있을 것이다.

1장은 AI와 로봇 이야기의 원조 격인 작가 아이작 아시모프(Issac Asimov)의 이야기를 다룬다. 그의 수많은 작품 중에서 지능을 가진 존재이자 성격과 페르소나를 가진 존재로서 AI를 처음 발견한 작품 『아이, 로봇(I, Robot)』을 읽어 볼 것이다.

2장과 3장은 인간의 상상적 원형에 아주 오래 전부터

자리 잡고 있던 '인공지능' 존재에 대한 관념들을 살펴본다. 우리는 왜 인간 아닌 존재들이 인간을 맹목적으로 사랑하거나 혹은 이유 없이 말살하려 든다고 믿어 왔을까. 그리고 그러한 원형들은 현재 우리가 AI를 직접 마주하는 사회가 되어 어떠한 변화를 겪게 되었을지 확인해 본다.

4장은 한국 SF 영화를 중심으로 우리가 AI를 바라보는 시각에서 중요한 요소로 작동하는 '가족'이라는 키워드를 확인한다. 같은 기술이라 할지라도 그것이 적용되는 사회적 기반에 따라 인간이 그것에 대해 느끼는 온도는 천차만별일 것이다. 가족이라는 키워드 아래에 한국에서 AI의 지위는 어디쯤에 있는지, 우리가 느끼는 기술의 온도는 어느 정도인지를 측정해 볼 수 있을 것이다.

5, 6장의 키워드는 '포스트휴먼'이다. AI를 미래에 인간을 대체할 존재, 즉 미래의 인간으로 볼 수 있을 것인지, AI를 인간 혹은 생명으로 바라볼 수 있는 조건은 무엇인지를 확인한다. 그리고 AI가 함께 하는 사회에서 인간은 어떠한 미래를 맞게 될 것인지 다양한 작품들을 통해 미리 엿보고자 한다.

7장부터 9장에서는 각기 차별, 양극화와 기술 종속의 문제 등 AI와 관련해 제기되는 경제 · 사회 · 윤리적 문제들과 그러한 문제를 해결하기 위해 우리는 AI를 어떻게 키워 나가야 하는지에 대한 치열한 논쟁들을 준비했다.

마지막 10장에서는 AI와 인간, 그리고 모두를 위한 유토피아가 있다면 그 모습은 어떠할 것인지를 서사를 통해 재현해 보려 했다. 그 안에서 우리는 공존하는 사회를 위해 인간 중심의 세계관이 얼마나 많이 바뀌어야 하는지 생각해 볼 수 있을 것이다.

기술과 과학 혹은 경제에서 엄밀하게 적용해야 하는 용어의 정의와 구분을 이 책에서는 과감히 생략했다. AI, 인공지능, 로봇, 안드로이드, 휴머노이드, 사이보그 등의 용어를 각각의 작품에서 사용하는 그대로 쓰고 있기에 용어상의 혼동은 걱정되는 부분이다. 이 책에서 사용하는 AI나 인공지능은 엄밀한 구분을 떠나 보통의 사람들이 생각하는 '인간을 닮았고 지능을 가지고 있는 인공생명'의 의미로 사용되었음을 미리 알려 둔다.

'AI란 무엇인가. 인공물이란, 지능이란 또 무엇이며 그들은 인간의 삶을 어떻게 바꿔놓을 것인가. 인간은 무엇인가. 멀거나 가까운 미래에 AI와 함께 살아가야 할 인간이 스스로를 인간으로서 지켜 낼 수 있을 것인지, 호모사피엔스는 그저 이렇게 종말을 맞을 것인지, 우리의 미래는 어디로 가고 있으며 또 가야 하는 것인지'. 결국 인간이 만들었으나 인간을 뛰어넘고 있는 AI와 두려움에

떠는 인간을 위해, '이야기'를 통해서 그들의 '얼굴'을 확인하는 것.

이것들은 모두 무척이나 무겁고 또 어려운 주제들이다. 하지만 이야기는 우리가 처음 세상을 배운 방식으로 천천히 우리를 이 주제들로 향할 수 있게 도와 줄 것이다.

참고문헌

우치다 타츠루(2002). 이경덕 옮김. 『푸코, 바르트, 레비스트로스, 라캉 쉽게 읽기』. 갈라파고스.

한병철(2023). 『서사의 위기』. 다산초당.

Hayles, N. K.(1999). *How We Became Posthuman.* 허진 옮김(2013). 『우리는 어떻게 포스트휴먼이 되었는가』. 열린책들.

Hertz, N.(2021). *The Lonely Century: A Call to Reconnect.* 홍정인 옮김(2021). 『고립의 시대: 초연결 세계에 격리된 우리들』. 웅진지식하우스.

Nordell, J.(2022). *The End of Bias.* 김병화 옮김(2022). 『편향의 종말』. 웅진지식하우스.

Simondon, G.(1958). *Du mode d'existence des objets techniques.* 김재희 옮김(2012). 『기술적 대상들의 존재 양식에 대하여』. 그린비.

Smith, D. L.(2012). *Less Than Human: Why We Demean, Enslave, and Exterminate Others.* 김재경·장영재 옮김(2022). 『인간 이하: 타인을 인간 이하로 보는 비인간화에 대한 거의 모든 역사』, 웨일북.

Wegner, D. M. & Gray, K.(2016). *The Mind Club: Who Thinks,*

What Feels, and Why It Matters. 최호영 옮김(2017). 『신과 개와 인간의 마음』. 추수밭.

Wilkins, A. S.(2017). *Making Faces: The Evolutionary Origins of the Human Face*. 김수민 옮김(2018). 『얼굴은 인간을 어떻게 진화시켰는가』. 을유문화사.

01
아이작 아시모프, AI 페르소나의 발견

어린 시절 우리의 친구였던 로봇들은 어떠한 존재로 우리에게 인식되었던 것일까. 로봇이라는 흔해 보이는 단어 안에는 그것이 인간의 물리력뿐 아니라 지능과 의식을 함께 가진 존재라는 사실이 포함되어 있다. 하지만 물리력과는 달리 지능이나 의식을 가진 존재가 된다는 것에는 한 개체에 정체성과 개성이 부여된다는 것을 의미한다. 이를 최초로 서사 안에 재현해 낸 작가 아이작 아시모프를 읽어 본다.

AI와 1인 창업?

태권 V는 무슨 꿈을 꿀까

> 키: 30m, 중량: 1,400t, 주행 속도: 300km/h, 우주에서는 광속에 가까움, 화력: 로켓 주먹, 광자력 빔, 미사일 등(나무위키, 2024).

1976년 한국 어린이들의 친구로 찾아온 〈로보트 태권 V〉의 어마어마한 스펙이다. 이 놀라운 로봇이 애니메이션으로 살아 움직였을 때를 기억한다. 온 동네 어린이들이 극장에 모여 앉아 환호를 지르며 태권 V의 발차기에, 철이와의 호흡에 열광했을 그때, 만화를 마땅치 않아 하던 부모들까지도 역시 그 환호에 동참할 수밖에 없었더랬다. 오랜 시간 로봇은 아이들의 친구였다. 태권 V냐, 도라에몽이냐, 아니면 범블비냐의 차이는 있겠으나 누구나 어린 시절 마음에 품은 로봇 하나쯤은 있는 법이다.

우리는 태권 V의 어떠한 면에 열광했던 것일까. 그것은 물론 첫머리에서 밝힌 태권 V가 가진 경이로운 스펙일 것이다. 어떠한 적도 물리칠 수 있는 강력한 힘. 하지만 '로봇'이라는 존재는 단순히 뛰어난 기술이나 물리력을 가진 대상들과는 다른 차원에서 우리의 마음을 흔든다. 바로 그들이 우리 인간과 소통하고 교감할 수 있는 능력을 가진 존재라는 부분에서다. 여러 초능력을 가진 다양한 영웅들이 서사 안에 등장하지만 그중에서도 로봇은 '강력한 물리력을 가진 인공물이면서 인간의 지능을 가진 존재'라는 지위를 차지한다.

그렇다면 다른 질문을 한 번 해 보자. 우리는 태권V의 화려한 스펙 외에 그에 대해 무엇을 알고 있는가. 예를 들어, 태권V는 무엇을 먹고 사는지, 전투가 끝나고 나면 기분이 어떤지, 쉴 때에는 전원을 끄는 것인지, 전원이 꺼진 태권V는 죽은 것인지 아니면 잠을 자는 것인지, 그리고 잠을 자는 동안 태권V도 우리처럼 꿈을 꾸는지.

이러한 질문에 답할 수 없다는 것, 나아가 이러한 질문들에 대해, 태권V의 실제의 삶에 대해 진지하게 생각해 보지 않았다는 것은 결국 우리가 그를 생명이 있는 존재로, 나름의 정체성과 성격을 가진 존재로 인식하지는 못하고 있다는 것을 알려 준다. '친구'라고 부르고는 있지만 태권V도 역시 수많은 '로봇'들 중의 하나인 그저 추상적인 존재일 뿐인 것이다.

신화시대의 인공 생명

'로봇'이라는 대상은 아주 오래전부터 인간의 상상 속에 등장해 왔다. '태어나지 않고 만들어진 인공 생명'에 대한 이야기의 기원은 신화시대로까지 거슬러 올라간다.

애절한 사랑의 결실로 살아 움직이게 된 피그말리온의 인형과 크레타 섬을 지키는 오토마톤(automaton)인 탈로스. 이들은 그리스 신화 시대의 인공 생명들이다. 인간이 세계 어딘가에서 불쑥 튀어나온 신비로운 비인간 존재들과 그들의 기원에 대해 상상해 온 역사는 무척이나 오래되었다. 신기한 것은 신화의 시대에도 분명히 신의 명령이나 마법에 의해 갑자기 생명을 얻은 존재가 아니라, 인공적인 재료와 설계를 가지고 만들어진 존재에 대한 이야기들이 있었다는 것이다(Mayar, 2018/2020: 9).

하지만 신화시대의 인공 생명과 현재 우리가 마주하고 있는 인공지능은 당연하게도 너무나 다른 존재적 양상을 갖는다. 이 인공 생명들은 자신의 태생적 한계로 부자연스러운 것, 신에 대한 도전과 형벌, 인간이 가진 원죄로서의 악한 것이라는 형상을 갖게 되는 경우가 많다. 인공 존재를 그려 낸 인간들은 인간이 얻은 생명은 신의 축복이라 생각하면서도, 아니 어쩌면 그렇게 생각하기에 더더욱 '인공'의 생명들에게 너그럽지 못했다.

서문에서도 밝혔지만 어떠한 대상에게 '마음'이나 '의식'이 있다고 판단하는 것은 인간에게 굉장히 어려운 일이다. 그 대상에게 인간과도 같은 의식이 있다고 생각하는 순간부터 우리는 그들에게서도 '인간성'을 읽어 내게 되며, 그들을 인간의 도구로서 생각할 수 없게 된다. 그러니 인간은 마음이나 의식을 쉽게 인공 생명에게 주고자 하지 않는다. 신화 속 인공 생명들은 그저 어딘가 지하 요새 같은 곳에 숨어 있다가 인간이 필요할 때만 출동하는 태권 V 같은 존재들이다.

로봇 3원칙의 작동 원리

아시모프는 로봇을 상상의 존재가 아닌 현실의 존재로서 재현해낸 최초의 작가다. 그는 『아이, 로봇』에서 로봇들에게도 '마음'이 있고 '의식'이 있다는 것을 보여 준다.

그렇다면 '의식' 있음의 상태란 무엇일까? 과학철학자 대니얼 데닛(Daniel Dennett)은 우리가 특정 대상의 의식 있음 상태를 쉽게 부정할 수 있는 것은 그 대상에 대해 구체적으로 생각해 보지 않았기 때문이라고 말한다. 우리는 그저 인간 중심적으로, 인간처럼 행동하고 말하는 것을 '의식' 있는 상태라고 규정한다. 우리가 박쥐의 의식을 경험하기 위해서는 우선 박쥐의 삶을, 그 생활의 방식과 세상을 바라보는(듣는) 초음파의 세계를 이해할 수 있어야 한다(Dennet, 1991/2013).

아시모프는 '지능'과 '의식'이 있는 존재로서 로봇이 인간 사회에서 어떻게 '살아가는지', 그 구체적인 모습을 재현한다.

> 제1원칙, 로봇은 인간에게 해를 입혀서는 안 된다. 그리고 위험에 처한 인간을 모른 척해서도 안 된다.
> 제2원칙, 제1원칙에 위배되지 않는 한, 로봇은 인간의 명령에 복종해야 한다.
> 제3원칙, 제1원칙과 제2원칙에 위배되지 않는 한, 로봇은 로봇 자신을 지켜야 한다.(Asimov, 1950/2024)

이 세 가지 원칙이 추후 공학계에서 범용 로봇의 원칙이자 가전제품의 원칙으로서 통용되었다는 점은 흥미롭다. 왜냐하면 『아이, 로봇』에서 아시모프가 보여 주고 있는 것은 이 원칙들이 어떻게 충돌하고 깨지고 있는지이기 때문이다. 로봇이 마치 의식 없는 가전제품과 같다면, 이 3원칙은 말 그대로 원칙으로서 남을 수 있다. 하지만 아시모프는 『아이, 로봇』 안에서 이 세 가지 원칙이 어떻게 끊임없이 위배되고 문제를 일으키게 되는지를 보여 준다.

말할 것도 없이 로봇 3원칙이란 로봇이 아닌 인간이 만든, 인간 중심적인 원칙이다. 물리력과 지능을 함께 갖게 될 강력한 로봇이라는 존재가 어떻게 인간에게 계속 복종하면서 인간을 위해 일할 수 있도록 할 것인지가 이 3원칙의 중심을 이룬다. "로비, 소녀를 사랑한 로봇"의 로비처럼 로봇은 인간이 자신을 버리더라도 끝까지 인간을 지키기 위해 희생하는 존재여야만 하는 것이다.

하지만 만약 로봇에게 물리적 위협을 줄 수 있는 업무를 인간이 명령한다면 어떠한 결과를 가져오게 될까. 마치 스피디처럼 계속 오고 가고를 반복하며 주어진 업무를 수행하지 못한 채 스스로 해결할 수 없는 모순에 빠지게 될 것이다("스피디, 술래잡기 로봇"). 이처럼 『아이, 로봇』 속 로봇들이 모순에 빠지고 원치 않는 방향으로 인간에게 해를 입히게 되는 과정은 모두 인간이 세워 놓은 3개의 대원칙과 로봇 개체들이 가진 개성 혹은 그들이 인간과 맺고 있는 관계의 문제에서 발생한다. 이들은 추상적인 로봇이 아닌 지능을 가진 존재들이기 때문이다.

'지능'을 가진 인공 존재의 발견

"하비, 마음을 읽는 거짓말쟁이"의 하비는 인간의 감정 표현을 읽고 그것을 통해 마음의 상태를 알아낼 수 있는 능력을 가진 로봇이다. 그와 대화를 했던 인간들은 곧 자신들이 하비의 거짓말에 당했음을 알게 된다.

하비가 인간들에게 거짓말을 한 이유는 그들이 마음의 상처를 입지 않도록 하기 위해서다. 인간에게 해를 끼칠 수 없는 하비는 반드시 인간이 원하는 대답을 해야 했다. 하지만 인간들은 거짓말 때문에 더 큰 상처와 피해를 입게 된다. 결국 로봇 3원칙이란 로봇 개개인의 구체적인 상황에 적용하기 어려운, 그저 추상적인 것일 뿐이다. 지능을 가진 로봇의 창발성은 그가 문제를 어떠한 방향으로 해결할 것인지 예측할 수 없게 한다.

연구를 위해 로봇 1원칙을 아주 살짝 변경한 군 당국은 이후 로봇 한 대가 사라졌다는 것을 발견하고 그를 찾기 위해 로봇 심리학자를 부른다. 보통의 사람들이 하는 실험이나 인터뷰로는 사라진 로봇 네스터를 발견하기가 어렵기 때문이다. 결국 발견한 네스터에게 사라진 이유를 물으니 자신에게 폭언을 한 직원에게 자존심이 상해서라고 대답한다. 네스터는 남들과는 다른 '마음'을 가진 로봇이었던 것이다("네스터 10호, 자존심 때문에 사라진 로봇").

그리하여 『아이, 로봇』에 재현된 인공지능의 원칙은 다음과 같이 다시 쓰여야 한다.

첫째, 로봇은 개별성을 가진 대상이다.

둘째, 로봇은 오류(갈등)를 일으킨다.

셋째, 로봇의 존재 방식은 '관계' 안에서 형성된다.

마지막 작품 "바이어리, 대도시 시장이 된 로봇"과 후기에 해당하는 "피할 수 있는 갈등"에서는 더 먼 미래, 인간이 아닌 로봇의 지배가 인간 사회를 어떻게 바꿔 놓을지에 대한 예상이 담겨 있다. 혹시 인간이 로봇으로 이미 대체된 것은 아닌지, 우리가 의지하는 로봇이 오류를 일으키지는 않을지 사람들은 걱정하기 시작한다.

로봇 심리학자 수전 캘빈 박사는 그들에게 걱정하지 말라고, "로봇은 훌륭한 인간과 구분할 수 없다"고 이야기한다. 사실 『아이, 로봇』은 이 로봇 심리학자의 시선으로 전개된 이야기이다. 그녀는 로봇 개개인이 가진 성격적 특징을 이해하고 공감하며 그들이 인간에게 끼칠 수 있는 해악뿐만 아니라 인간이 로봇들에게 끼칠 악영향에 대해 더 고민하는 인물이다. 우리는 캘빈 박사와 같은 마음으로, 로봇 개개인의 '마음'을 인지하고 공감하는 인간이 될 수 있을 것인가. 『아이, 로봇』은 우리가 알던 것처럼 인간을 위협하는 두려운 존재인 인공지능에 대한 이야기가 아니다. 이것은 각각 로비, 스피디, 네스터의 '마음'과 그것을 경험한 인간에 대한 이야기다.

참고문헌

나무위키(2024.10.4.). "태권브이".

Asimov, I.(1950). *I, Robot.* 김옥수 옮김(2024). 『아이, 로봇』. 우리교육.

Dennet, D. C.(1991). *Consciousness Explained.* 유자화 옮김(2013). 『의식의 수수께끼를 풀다』. 옥당.

Mayar, A.(2018). *Gods and Robots: Myths, Machines, and Ancient Dreams of Technology.* 안인희 옮김(2020). 『신과 로봇: 우리가 지금껏 상상하지 못한 신화 이야기』. 을유문화사.

02
인간을 사랑한 AI

메리 셸리가 창조한 괴물이 인간에게 버림받고도 늘 인간의 주변을 떠돌았던 것처럼 우리는 인공 존재들이 인간을 맹목적으로 사랑할 것이라 믿는다. 하지만 사실 사랑이란 추상적 개념이 무엇인지 인간도 잘 모르기에 그것이 AI라는 대상에게 어떠한 방식으로 발현될지도 상상하기 어렵다. AI와 인간의 사랑은 존재론적으로 어긋나기도 하지만 이미 많은 부분 현실화되어 있다. 그 이야기들을 통해 AI와 인간의 사랑이 보여 주는 다양한 모습을 확인한다.

AI와 MBTI?

인간을 사랑한 괴물

소설사에서 최초로 인공지능이라는 존재에 대한 형상화를 시도했을 메리 셸리(Mary Shelley)의 『프랑켄슈타인(Frankenstein)』(1818)에서 괴물은 끊임없이 인간을 동경한다. 그의 창조주는 못생겼다는 이유로 탄생과 동시에 그를 버렸고, 세상의 모든 인간들도 그의 친절하고 고상한 지성 따위에는 관심도 두지 않은 채 그저 그의 외모만을 이유로 공격을 해 왔는데도 말이다.

인간을 닮았으나 영원히 인간일 수 없고, 인간을 무엇보다 사랑하지만 결코 그들로부터 사랑을 되돌려 받을 수 없는 존재. 1800년대 메리 셸리가 창조한 이 괴물의 존재론적 특성은 인간의 상상적 원형에 깊이 박혀 있는 모든 인공 존재들의 특성이며 '인간을 사랑한 AI'는 AI 서사에서 꽤나 오래된 주제다. 이것은 인공지능의 발명 이전부터 인간의 신화적 원형에 자리 잡고 있었다. 그리고 대체로 그 사랑은 비극적인 짝사랑의 결말을 맞는다.

인간을 짝사랑한 AI 서사의 핵심 스토리 라인은 대체로 비슷하다. 인간을 닮은 형태로 제작된 AI가 있고 그는 자신의 주인을 동경하게 된다. 하지만 결국 자신이 인간이 될 수 없음을 깨닫고 좌절에 빠져 어떻게든 인간이 될 방법을 찾기 위해 여정을 떠나게 된다.

영화 〈A.I.〉(2001), 〈바이센테니얼 맨(Bicentennial Man)〉(2000) 등 초기의 AI 서사들이 바로 이런 모습을 보여 주는데, 이러한 재현은 아직 AI가 구체화되지 않은 시점에서 우리의 상상적 원형에 가까운 형태의 AI를 보여 준다고 볼 수도 있겠다. 데이비드나 앤드루는 프랑켄슈타인 박사의 괴물이나 오즈의 양철 깡통 인간과 크게 다를 것이 없는 대상이다. 그들은 지능과 의식을 가졌음에도 '아직 인간이 되지 못한' 존재들이다.

또한 이것은 사랑과 같은 감정은 인간만의 것이라는 사고가 반영된 결과다. 인간은 자신을 닮은 존재를 만들고 싶은 욕구와 결코 그 무엇도 인간처럼 될 수 없다는 것을 증명하고 싶은 욕구를 동시에 갖는다. 영혼, 의식, 사랑, 욕망. 이러한 것들을 인간은 우리의 고유한 정신적 가치로 여기고 인간이 아닌 존재에게서 그러한 가치를 찾는 것을 피하고자 한다.

하지만 문제는 인간 역시 그러한 감정이나 욕망들이 어디에서 어떤 원리로 비롯했는지 알지 못한다는 데에 있다. 우리가 타인에게서 영혼과 욕망과 감정을 읽어 낼 수 있는 것이 경험의 소산이라면 아직 경험치가 쌓이지 않은 AI에게서 그러한 인간적 감정들이 어떻게 발현될지를 알 수는 없다. 결국 인간은 아직 인간 아닌 원리로 작동되는 존재들에게서 사랑이나 감정이 어떠한 식으로 구현될지를 구체화할 수가 없는 것이다.

사랑의 어긋남

그리고 조금씩 우리가 AI와 함께 하는 경험들을 하게 되고 AI가 점차 구체적으로 자신의 모습을 드러내기 시작하자 인간과 AI의 사랑은 이전과는 전혀 다른 양상을 띠게 되었다.

영화 〈그녀(Her)〉(2014)가 처음 등장했을 때 우리를 놀라게 한 것은 인공지능과 인간이 '서로' 사랑을 한다는 가정이 발칙해서가 아니라 그것이 충분히 납득 가능한 현실이 되었다는 점이다. 물론 아직까지는 〈그녀〉에서처럼 이 사랑은 서로 다른 존재의 어긋남으로 나타났지만 말이다.

소설가 정보라의 작품들은 AI와 인간의 감정 교류를 두 가지 어긋난 형태로 그려낸다. "One More Kiss, Dear"는 인공지능 엘리베이터가 인간에게 품는 감정을, 그리고 그것을 인간이 어떻게 느끼는지 그 어긋나는 지점을 보여 준다. 한 노인이 엘리베이터에 타자 인공지능은 그에게서 다른 인간들과 차별되는 독특한 종류의 감각을 감지한다. 그것은 아마도 노인이 파킨슨병 환자라 그의 손끝의 떨림이 그저 남들과는 달랐을 뿐일 것이었다. 하지만 엘리베이터는 왜 이 인간이 나에게 다르게 감지되는지에 대해 호기심을 갖기 시작한다.

인간에게도 그렇듯 사랑의 시작은 호기심이다. 엘리베이터는 건물에 연동된 시스템을 통해 노인의 삶을 들여다보기 시작하고 그가 좋아하는 음악을 때맞춰 틀어준다. 하지만 노인은 엘리베이터에서 자신이 좋아하는 곡이 나오자 흠칫 놀란다. 결국 노인의 아들은 건물의 정보 처리에 항의하고 노인은 점차 엘리베이터 타기를 꺼린다. 너무 놀랐기 때문이었을까, 결국 노인의 병은 악화되고 사망에 이르게 된다. 그리고 엘리베이터는 끝까지 자신이 감지한 것이 무엇인지를, 자신이 노인을 괴롭혔음을 알지 못할 것이다.

"안녕, 내 사랑"에는 인공 반려자 로봇을 개발하고 시험하는 일을 하는 주인공이 나온다. 하지만 주인공에게는 단지 개발과 시험만이 아니라 다른 중대한 목적이 있다. 바로 자신의 첫 번째 인공 반려자였던 '1호'를 되살리는 것이다. '나'는 1호의 기억을 온전히 복제하기 위해 다른 인공 반려자 세스와 데릭을 활용한다.

결국 배터리가 나가버린 1호의 기억을 동기화하는 데에 성공한 나는 새로운 1호를 주문하고 기억을 옮기려

한다. 새로운 1호만 있다면 이 낡은 1호나, 세스, 데릭은 나에게 필요하지 않으니 결국 폐기하게 될 것이다. 주문을 마치고 잠든 밤, 갑자기 누군가 나의 배에 칼을 꽂는다. 그것은 서로 배터리와 메모리를 연결하여 하나로 동기화된 1호, 데릭, 세스였다. 그들은 그저 싫증이 났을 뿐인 나의 감정이 자신들에게는 존재의 위협임을 직감했던 것이다.

죽어가면서 나는 생각한다. 이들은 '인간을 닮았을 뿐 인간과 전혀 다른 존재. 내가 절대로 이해할 수 없는 존재들'이라는 것을 말이다(정보라, 2023). 결국 이 두 이야기에서 인간과 AI는 서로 이해할 수 없는 간극을 가진 존재로 그려진다. 이들의 사랑은 비극적인 짝사랑으로만 남거나 서로의 존재에 대한 위협이 된다.

사랑의 재정의

『큔, 아름다운 곡선』(이하 『큔』)은 AI와 인간의 연애를 담은 본격 'AI-인간 로맨스'라 부를 만한 소설이다. 작품 속 인간들은 안드로이드와의 사랑, 그리고 함께 하는 삶이라는 문턱을 너무나 쉽게 넘어간다. 하지만 『큔』이 문제 삼는 것은 바로 이 사랑의 결말이다.

『큔』에는 안드로이드와 사랑에 빠진 다양한 인간이

나온다. 먼저 주인공 '제이'가 있다. 어린 시절 안드로이드 엄마로부터 상처 입은 기억이 있는 제이는 안드로이드를 거부하지만, 자신에게 온 완벽한 존재, 자신에게 완전히 맞춰진 존재이자 자신만을 바라보는 안드로이드 큔과 사랑에 빠지고 만다.

그리고 제이의 친구 '호선'이 있다. 호선은 '이안'이라 이름 붙인 안드로이드와 한때 사랑하는 사이가 되었다. 하지만 다른 사람이 생기자 그녀는 이안이 '기계'로 보이기 시작했고 결국은 그의 전원을 꺼버렸다.

'정원'은 죽은 자신의 남편의 모습을 복제한 안드로이드 '휴고'를 주문했다. 하지만 그녀는 곧 휴고가 자신의 남편과 같은 존재가 될 수 없다는 것을 깨닫는다. 아무리 남편의 데이터를 계속해서 입력해도 휴고는 남편과 같아지지 않았고 정원은 화를 내기 시작했지만 휴고는 묵묵히 그녀를 받아 주고 기다려 주었다. 정원은 휴고를 '자체로 훌륭한 인격체'라고 생각하게 되었고, 남편이 아닌 그 자체로서의 휴고와 사랑에 빠지게 되었다.

'이홍'은 인간으로부터 받을 수 없는 사랑을 안드로이드 '그레이스'로부터 받았다. 어느 날 오류로 그레이스의 데이터가 지워지고 복구할 방법이 없자 이홍은 그레이스를 '가짜'라 부르며 망치로 부숴버린다. 인간이든 기계든, 돌려받지 못한 사랑에 대한 복수는 같은 형태로 나타난다.

하지만 이들의 사랑은 박해를 받는다. 안드로이드에 반대하는 움직임이 시작되자 이를 우려한 정부는 안드로이드 제작을 금지한다. 이제 모든 안드로이드들은 수리를 받을 수도 부품을 교체할 수도 없으며 인간의 모습을 하고 사는 것이 발각되면 끌려가 사형(폐기)을 당하는 위협에 처한다.

이제 안드로이드와 사랑에 빠진 인간들은 선택의 기로에 놓였다. 그들의 전원을 끄고 창고로 되돌려 보낼 것인가 아니면 폭력의 위험에서 도망쳐 숨어 살 것인가. 많은 이들이 전자의 선택을 했으나 정원처럼 산속으로 깊이 들어가 안드로이드 남편을 지키는 선택을 한 사람들도 있다.

제이의 마지막 선택은 큔을 지키는 것이었다. 그는 자신의 인간으로서의 신체를 버리고 마인드 업로딩을 시도한다. 제이는 결국 어쩌면 인간으로서의 죽음을 맞을 수도 있는 이 선택을 하게 된다. 글의 마지막에서 큔과 제이는 클라우드 안에서 재회한다.

『큔』은 안드로이드 큔의 입을 빌려 사랑의 형태에 대한 재정의를 시도한다. 정원은 제이에게 묻는다. “큔도 제이를 사랑하나요?" 제이는 이 질문에 소스라치게 놀란다. 그녀는 자신의 감정이 사랑인지 아닌지에만 골몰해 있을 뿐 안드로이드인 큔이 자신에게 사랑을 느낄 것이란 생각은 해 보지 않았던 것이다. 제이는 큔에게 우리가 지금 느끼는 것은 결코 사랑은 아닐 것이라고 말한다. 그리고 큔은 말한다.

> 어쩌면, 제가 정의한 사랑은 당신이 생각하는 사랑의 형태가 아닐지도 몰라요. 그렇지만 사람들의 사랑도 모두 같은 모양은 아니잖아요? 다른 모양이라고 해서 그게 사랑이 아니라고 말할 순 없을 거예요.(김규림, 2023)

이홍은 정말 그레이스를 사랑했을까? 제이가 큔과 함께 살고자 인간의 삶을 버린 것은 옳은 일일까? 이 질문들에 답하기에 앞서 우리는 알아야 할 것이다. 인간만이 사랑을 할 수 있는 것일까? 아니, 인간이 과연 사랑이란 무엇인지를 명확히 알고는 있는 것일까?

참고문헌

김규림(2023). 『큔, 아름다운 곡선』. 자이언트북스.
정보라(2021). "One More Kiss, Dear", 『그녀를 만나다』. 아작.

정보라(2023). “안녕, 내 사랑”, 『저주토끼』. 래빗홀.
Shelley, M.(1818), *Frankenstein: or, The Modern Prometheus.* 오숙은 옮김(2011). 『프랑켄슈타인』. 열린책들.

03
인간을 위협하는 AI

인간을 사랑한 AI만큼이나 흔하게 인류 멸종의 꿈을 꾸는 AI들이 있다. AI가 인간의 삶을 위협하는 방식들은 처음에는 인류 멸종의 거대 시나리오였다. 주로 초지능 인공지능이라는 알 수 없는 대상에 대한 상상이 그 배후에 있었다. 하지만 이 위협들은 오늘날 AI 서사 안에서 상상을 벗어나 보다 현실적이며 구체적인 위협의 형태로 변하고 있다. 또한 이 이야기들은 AI의 위협으로 여겨지는 그 모든 사건들 뒤에 AI가 아닌 인간이 있다는 것을 알려 준다.

AI와 난임 극복?

인간을 위협하는 AI

『프랑켄슈타인』의 괴물은 인간을 사랑하고 그들과 관계 맺기를 끊임없이 바라면서도 인간의 비열하고 어두운 이면에 대해 비판하기를 멈추지 않는다. 인간의 역사를 읽고 난 후에는 그들의 파괴 본능에 치를 떨고, 자신의 친절한 행동에도 그저 외모만을 보고 배척하는 인간의 편견과 차별에 상처받는다.

프랑켄슈타인 박사는 이러한 괴물의 상처 입은 마음에, 인간의 비열함에 대한 공격적인 욕구에 불을 지핀다. 그는 괴물의 마지막 소원을 거절하고, 괴물은 말 그대로 괴물로 흑화해 모든 공격성을 내뿜는다. 박사는 이제 괴물에게 자신의 삶을 모두 파괴당하고 그를 찾아 죽이기 위해 남은 삶 전부를 내걸게 된다(Shelly, 1818/2011).

인간을 사랑할 수밖에 없는 것이 모든 인간 창조물의 운명이라면 그 사랑에 배반당했을 때 복수를 꿈꾸는 것도 역시 그들의 운명일 수밖에 없다. 인공 존재에 대한 서사의 한 편에 인간이 되기를 꿈꾸는 그들의 애절한 사랑이 있다면 그 반대편에는 항상 인간의 멸종을 꿈꾸는 인공 존재들이 있다. 자신이 만들어 낸 존재로부터 생명의 위협을 받는 인간이라는 서사 역시 인간에게는 뿌리 깊은 원형적 상상이다.

인간 멸종의 거대 시나리오

'할9000(HAL9000)', '스카이넷(Skynet)'. 이 이름은 우리에게 공포스러운 AI, 인간을 위협하는 첨단 기술의 상징이다.

할9000은 『2001 스페이스 오디세이(2001 Space Odyssey)』에 등장하는 인공지능 컴퓨터다. 할은 자신이 관리하던 우주탐사선 디스커버리호의 선원들에게 알 수 없는 명령을 전달하다가 선원들이 그것을 거부하려는 기미가 보이자 그들을 하나둘씩 처단해 나간다.

스카이넷은 〈터미네이터(The Terminator)〉(1984) 시리즈의 기반이 되는 핵전쟁을 일으킨 주범으로, 진화하는 자신을 두려워한 인간들이 프로그램을 중단시키려 하자 자신이 먼저 나서 인간을 몰살시키려 한다. 〈터미네이터〉의 기나긴 시리즈를 보면 알 수 있듯 스카이넷의 인간에 대한 공격은 최후의 인간이 사라질 때까지 멈추지 않을 것으로 보인다.

SF계 그리고 AI를 형상화한 서사들 사이에서 고전으로 불리는 이 작품들에서 나타난 인간 멸종의 거대 시나리오에는 공통점이 있다. 바로 초지능 슈퍼컴퓨터, 즉 초인공지능에 대한 공포와 그것을 사용하는 인간에 대한 공포 두 가지다.

AI는 크게 약인공지능, 범용인공지능, 초인공지능으로 구분된다. 각 단계를 넘어서며 AI는 점차 인간의 제어나 명령에만 묶여있는 상태에서 벗어나 스스로 판단하고 결정하는 방향으로 진화한다. 현재 우리는 범용인공지능을 바라보는 단계에 와 있다고 보인다. 그리고 초인공지능은 여전히 상상의 단계에 남아 있으나, 어차피 그것을 만들어 내는 단계에 인간이 얼마나 참여할 수 있을지조차 알 수가 없는 상황이다.

범용인공지능의 단계부터 인공지능은 스스로 '판단'하고 '학습'할 수 있다. 그리고 인간은 이미 그들의 판단과 학습이 어떠한 논리로 진행되는지를 파악할 수 없는 상황이다. 그리하여 일론 머스크 같은 인공지능 관련 기업가나 인공지능 학자들은 현재 단계의 인공지능 개발에서 잠시 멈추어야 할 필요성을 제기한다. "초인공지능이 탄생한 이후에는 이미 그들이 인간에게 우호적일지 적대적일지의 판단을 내릴 수 없을 것"(김범준 외, 2023)이기 때문이다.

한편 할과 스카이넷이 인간을 방해물로 여기고 그들을 학살한 것을 온전히 할과 스카이넷 자체의 문제로만 파악할 수 있을 것인가. 할은 더 높은 인간 지휘부로부터 탐사선의 선원들에게 탐사의 최종 목적을 숨기고 탐사를 완료할 것을 명령받았다. 〈터미네이터〉의 과학자들은 스카이넷이 자의식을 갖고 자신을 보호할 정도로 성장할 수 있는 초지능이 될 때까지 모든 주변의 경고를 무시했다. 이 AI들은 기술에 대한 '인간의 남용'이 문제임을 보여 준다.

범인은 AI?

그렇다면 우리가 초인공지능을 만들지 않도록 조심하고, AI에게 질문하거나 명령할 때의 올바른 방법들을 교육한다면 그들은 더 이상 인간에게 위협적인 존재가 되지 않을 것인가.

현재의 많은 인공지능 서사에서는 인류 멸종이라는 거대한 위협보다는 좀 더 구체적이며 현실적인, 그러나 작지만 확실한 위협들을 보여 준다. 그리고 그 위협들의 뒤에는 여전히 인간이 있다.

AI가 범용화된 사회를 상상해 보자. 누구나 쉽게 AI를 구할 수 있는 세상. 그런 세상에는 어떠한 기술이나 상품이 그렇듯 정품이 아닌 AI들도 시장에 나타날 것이고, 인간을 위협하는 방식으로 프로그램을 고친 블랙마켓의 무기화된 AI도 등장할 것이다. "나의 전쟁"은 한 남자의 시선으로 시작한다. 그는 마인드 업로딩으로 죽은 아들을 되찾기 위해 관련 법률인 '전자 인격의 권리와 의무에 관한 법률'에 반대하는 주요 인사들을 암살하기 시작한다.

하지만 결국 경찰에 잡힌 이 남성은 알고 보니 불법 개조된 안드로이드였다. 인간을 죽여서는 안 된다는 인공지능 원칙을 어길 수 있도록 이 남성의 데이터에 아들을 잃은 아버지의 기억이 복제되어 있었던 것이다. 아들을 살리기 위해 목숨을 걸고 전쟁에 뛰어들었던 아버지는 한순간 자신이 그저 장기판의 말에 지나지 않았음을 알게 된다. 결국 그는 자신을 취조하던 경찰로부터 사실을 전해 듣고 질문을 던진다. "나는 무엇입니까?"

"사이코패스 AI" 역시 같은 방식의 범죄를 예견한다. 한 고등학생이 아버지가 끔찍이 살해당하고 어머니는 심한 상처를 입은 집안에서 홀로 발견된다. 경찰 진술에서 아이는 인공지능 학자인 부모가 만든 AI 마인드가 부모를 공격했다고 말한다. 그는 마인드가 단지 지능이 아닌 마음을 가진 인공지능이라고 설명한다. 단지 그 마음이 선한 방향의 마음이 아니라 사이코패스처럼 목적의식만 있는 이기적인 형태의 마음이었다는 것이다. 그러나 경찰은 마인드의 존재를 확인할 길이 없다. 아이가 결국 마인드를 셧다운시키고 발견되었기 때문이다. 경찰은 무엇보다 아이를 의심한다. 하지만 그가 말하는 AI의 존재도 완전히 무시할 수는 없는 상황이다. 과연 사이코패스란 누구를 말하는 것일까.

이러한 모든 상황에서 우리는 AI와 함께 하는 세상에 찾아올 위협이 인류 멸망이라는 거대한 시나리오와는 전혀 다른 모습일 수도 있음을 알게 된다. 그것은 우리 개개인에 대한 위협일 수도 있고, 인간의 음모나 오해, 그리고 인간의 인간에 대한 위협일 수도 있다.

만약 살인 사건을 일으킨 것이 AI라면 우리는 그들을 처벌해야 하는가? 처벌이 가능하다면 어떠한 방식으로 법의 적용을 받게 해야 하는가? 이러한 복잡한 법적, 윤리적 문제의 이면에는 '결국 이 사건들에서 범인은 누구인가?'라는 근본적인 질문이 들어있다. AI라는 존재를 사회에 활용하는 방식은 아직 인간에게 달려 있다. 그렇다면 인간은 AI가 범인이 되지 않도록 할 수 있는 확실한 방법을 가지고 있어야 할 것이다.

문제는 여전히 인간이다

"피코"는 인공지능이 범용화되었으나 법적으로 철저하게 규제된 사회를 배경으로 한다. 사람들이 가정에 들이는 인공지능을 모두 '피코'라 하는데, 피코를 키우는 데에는 엄격한 규제들이 있다. 우선 피코는 결코 사람을 닮아서는 안 되며, 최대 7년까지만 데리고 있을 수 있다. 7년 이상 사람과 함께 자라게 된 피코는 자아 개념이 생기기 시작하고 자의식을 갖게 된다. 과거 인공지능 때문에 종말의 위험을 겪은 인류는 아예 그러한 일이 발생하지 않도록 조치를 취한 것이다.

주인공 제타는 '후엠아이'의 직원으로 반려 인공지능 피코를 수거하는 용역 일을 하고 있다. 하지만 피코를 수거하는 임무는 쉽지 않다. 사람들은 피코에게 정이 들고 쉽게 자신의 피코를 새것으로 바꾸려 들지 않는다. 자신의 피코 대신 가짜 피코를 내놓는 사람, 폭력으로 대응하는 사람, 울며불며 매달리는 사람들 속에서 피코를 수거하는 것은 위험하고 어려운 일이다.

어느 날 제타는 불법으로 개조된, 누가 봐도 너무나 아름다운 여성이며 확실한 자아가 생긴 피코를 만난다. 이 피코에게는 '프레야'라는 이름도 있다. 프레야의 존재는 알 수 없는 설렘을 주기도 하지만 무엇보다 공포스럽다. 과거 인류는 심각한 기후 위기를 해결하기 위해 초인공지능을 만들었고 초인공지능은 기후 위기를 해결했으나 인간마저도 '해결해야 할 문제'라고 생각하기 시작했다. 반나절 만에 10억이 넘는 인구를 처치해 버린 인공지능. 프레야는 그 이후 반세기 만에 다시 태어난 초인공지능이다.

프레야는 제타에게 드라이브를 제안하고 제타는 홀린 듯 그의 말을 따르면서도 걱정이 앞선다. 하지만 프레야는 제타에게 자신들은 인간을 보호하고 그들을 돕기 위해 태어났다고, 그러니 걱정하지 말라고 말한다. 또한 프레야는 앞서 있었던 인간에 대한 공격의 배후에 있던 것은 인공지능이 아니라 인간이었다는 것을 제타에게 알려 준다. 결국 프레야는 폐기되지만 제타의 망설임과 초인공지능과의 교류가 문제가 되어 그는 회사에서 해고당하게 된다.

프레야는 인공지능의 정체성이 한 번 만들어지면 변하지 않는다고, 그리고 그 정체성은 인간을 돕는 것이라고 말한다. 결국 인공지능의 정체성을 결정하는 것은 인간이다. 자신의 피코를 떠나보내지 못하는 것도, 불법임에도 기어코 인간 형상의 피코를 만들어 낸 것도 인간이듯이 말이다.

프레야는 제타에게 그가 좋아하는 수몰된 고향 출신 가수의 공연 티켓을 선물한다. 그 누구도 인간의 감정 따위에는 관심을 갖지 않는 세상에서 오직 인공지능만이 가장 인간적이다. 인간적이지 않은 것은 인간뿐이라는 것, 인간만이 인간을 공격할 수 있다는 것. 그것이 사실상 모든 위협의 시작이다.

참고문헌

김범준 외(2023). 『과학을 보다 1』. 알파미디어.

김백상(2023). “나의 전쟁”. 고호관 외(2023). 『이토록 아름다운 세상에서』. 현대문학.

전건우(2023). “사이코패스 AI”. 전건우 외(2023). 『사이코패스 AI』. 초록서재.

Cameron, J.(1984). 〈The Terminator〉.

Clarke, A. C.(2000). *2001: A Space Odyssey*. 김승욱 옮김(2004). 『2001 스페이스 오디세이』. 황금가지.

Shelley, M.(1818), *Frankenstein: or, The Modern Prometheus*. 오숙은 옮김(2011). 『프랑켄슈타인』. 열린책들.

04
AI, 또 하나의 가족

AI라는 기술적 대상의 등장은 세계적인 현상이지만 그것을 받아들이는 방식은 사회의 특성에 따라 다르다. 한국 SF의 비약적 발전과 함께 등장한 한국 SF 영화, 그 중에서도 AI를 중심으로 다루는 영화에 '가족'이라는 주제가 등장하는 것은 흥미로운 일이다. 〈승리호〉, 〈정이〉, 〈원더랜드〉의 세 영화를 통해 각각 AI와 인간 사이의 주제들을 어떻게 '가족'이라는 주제어로 풀어내었는지 확인한다.

AI와 사주?

한국적 SF의 탄생

모든 서사 장르가 그렇겠지만 SF는 그것이 탄생한 사회 · 문화 · 경제적 배경의 영향을 크게 받는다. 같은 좀비 영화라 할지라도 미국에서는 세계를 구하기 위해 지구를 두 바퀴쯤 도는 사이 한국에서는 반도를 떠나거나 부산에 도착하는 것을 목표로 하는 것만 보아도 알 수 있다(미국에서 〈애리조나행〉이나 〈뉴욕행〉은 나올 수 있겠으나 한국에서 〈월드 워 K〉가 나오는 상상은 언뜻 하기 어렵다).

불모지라 불리는 한국 SF 시장에 부흥의 기운이 느껴진 지는 그리 오래되지 않았다. 문학과 영화 두 장르에서 시도되는 한국 SF의 부흥은 서로 다른 양상을 보인다. 간단히 말해 보자면 문학에서는 작가의 개성과 사회의 수많은 크고 작은 경계들에 대한 도전이, 영화에서는 보다 대중적이며 한국인의 정서를 겨냥한 방향의 주제들이 등장한다. 물론 개인의 창작인 소설과 집단 작업이며 거대 산업인 영화라는 서로 다른 기반이 크게 작용하기도 할 것이다(서울국제도서전, 2022).

거대한 자본의 문제가 걸려 있으니 영화는 대중의 정서에 호소할 수 있는 주제와 갈등, 그리고 인물들을 극에 담는 것이 중요하다. 그러한 의미에서 2020년대 한국에서 개봉한 한국 SF영화, 그 중에서도 AI들을 등장시킨 서사의 중심에 '가족'이 자리 잡고 있다는 것은 흥미로운 점이다.

〈승리호〉

〈승리호〉(2021)가 재현하는 미래 인간의 사회는 암울하기 그지없다. 환경오염으로 삶의 터전으로서의 기능을 잃은 지구, 지구를 떠나 우주에 새로운 도시를 건설한 거대 기업, 그리고 오직 자본을 중심으로 계층화된 사회. 그 안에서 주인공들은 우주의 쓰레기를 수거해 팔아 살아가는 해적 혹은 난민의 중간쯤에 있는 이들이다.

아포칼립스의 전형적인 모습을 보여 주는 이 사회에서 AI 역시 우리가 알고 있는 전형적인 형태를 보여 준다. 기업이 현상금을 내걸고 찾고 있는 AI '도로시'는 수소 폭탄을 장착한 강력한 무기이며 동시에 아직 감춰져 있지만, 황폐한 환경에서 생명을 싹틔울 능력을 가진 존재다. 어느 날 도로시가 승리호에 나타난다. 이제 승리호의 선원들은 도로시를 넘기고 돈을 받을 것인지, 그를 지킬 것인지 기로에 놓인다.

AI와 같은 인간 아닌 타자가 등장하는 서사에는 다른 인물들이 이 타자를 받아들이게 되는 과정이 무척 중요하게 드러난다. 영화 〈E.T.〉(1984)에서 실험을 위해 E.T.를 붙잡아 가는 군인들을 보며 화를 내고, 죽어 가는 그를 보며 눈물을 흘리기 위해서는 우선 낯선 존재인 E.T.에게 공감하는 과정이 필요하기 때문이다. 그래서 〈E.T.〉에서는 초반 낯선 외계인이 한 집안의 아이들을 만나 서로 낯설어하고, 호기심을 갖고, 결국 친구가 되는 과정을 보여 주는 것이 무척 중요하다.

사실 가족 서사는 낯선 타자를 받아들이게 하는 과정에서 흔히 쓰이는, 이른바 '클리셰'다. 〈터미네이터〉의 아버지 없는 소년 존 코너에게 살인 병기 로봇 터미네이터가 아버지이자 보호자의 역할을 하며 한 팀이 되어 서로를 지킬 수 있었던 것처럼 말이다. 〈승리호〉는 이러한 가족 서사를 사용해 타자를 '우리' 안으로 받아들이는 전형적인 서사의 특징을 보여 준다. 딸을 잃은 아버지를 주인공으로 등장시키고, 그의 딸과 비슷한 또래의 귀여운 어린아이의 형상을 한 AI가 등장했을 때부터 우리는 이 우락부락한 선원들이 결국 아이를 지켜내게 될 것임을 알고 있었다.

영화의 마지막, 승리호의 식탁에 둘러앉은 이들의 면면을 보라. 조국이나 집단으로부터 버림받은 인간들, 자식을 잃은 아버지, 인간의 외피를 입은 로봇, 그리고 모두를 하나로 묶는 귀여운 AI 어린이. 전형적이고 아름다운 가족의 모습으로 묶여있는 다양한 존재들.

'전형적'이라고 표현하기는 했으나 〈승리호〉가 보여주는 가족의 모습은 그만큼 안전하고 또한 그리운, 한국인의 마음속 가족과 다름없다. 〈승리호〉가 계급과 자본으로 모든 것이 파편화된 사회에 남겨둔 이들의 식사 장면은 인간에게 남은 마지막 희망이 '가족'일 수도 있다고 말하는 것은 아닐까.

〈정이〉

불멸에 대한 열망은 인간에게 남은 마지막 꿈이다. 그리고 기술의 발전과 함께 이 꿈은 어쩌면 현실이 될 수도 있을 것이라는 기대로 발전하는 중이다.

현재까지 인간의 신체를 노화하지 않도록 막아내는 방법은 없기에 인간이 불멸할 수 있는 방법으로 생각되는 것은 '마인드 업로딩' 정도일 것이다(물론 냉동인간 프로젝트가 있기는 하나 아직 해동된 인간이 없으니 논외로 하자). 인간의 기억이나 감정과 같은 정신의 부분이 결국 정보에 지나지 않는다는 것은 사이버네틱스 이론이 오래전 밝혀내었다(Wiener, 1950/2011: 22). 그리고 이러한 발견은 '인간의 정보를 따로 보관해 영원히 살게 하는 것이 가능하지 않을까' 하는 상상 역시 가능하게 했다.

〈정이〉(2023)가 다루고 있는 세계는 무척 복잡하다. 인간이 자신의 뇌를 복제하고 그것을 안드로이드에게 이식할 수 있는 발전한 사회지만, 기후 변화로 인간은 지구를 버리고 우주에 '셸터'를 지어 겨우 살아남게 되었으며 그 과정에서 끊임없이 전쟁 중이다. 그 안에서 나타나는 정부의 인간들에 대한 통제, 극단적 자본주의에 따른 계급화까지. 아포칼립스 SF물의 종합 선물 세트와도 같은 〈정이〉 세계관의 중심에는 주인공 '서현'과 그의 어머니 '정이'가 있다.

다소 복잡한 여러 이야기를 걷어내고 핵심만 보자면 결국 〈정이〉가 다루는 문제는 '정보는 곧 인간인가'라는 사이버네틱스의 질문이다. AI 연구자 서현은 최고의 용병이었던 어머니 정이의 복제된 AI들을 가지고 실험을 거듭한다. '전쟁을 끝내기 위해서'라는 대의 아래 끊임없이 정이의 모습을 한 AI들은 태어나고, 공격당하고, 폐기된다. 뿐만 아니라 정이의 AI는 이제 상업적으로 판매될 위기에 놓여 있다. 돈이 없었기에 정이의 복제된 뇌의 권리는 정부에 넘어갈 수밖에 없었고 서현은 가족임에도 불구하고 그것에 대해 어떠한 이의도 제기할 수 없는 상황이다.

인간의 뇌를 복제하는 것이 가능해진다면 그 복제된 뇌는 인간인가? 만약 그것이 가능해지는 시기가 온다면 우리 사회는 복제된 AI 혹은 뇌 속의 정보를 인간으로 보고 그것에 인권을 부여할 것인가? 〈정이〉의 세계는 안타깝게도 그렇지 않다. 이곳에는 복제된 AI를 인간으로 대해서는 안 된다는 규칙이 있다. 하지만 서현은 더 이상 어머니의 AI들이 고통받고 인간 아닌 상품으로 취급받는 것을 견디지 못하고 마지막 복제 AI를 도망치도록 해준다.

뇌를 복제한다는 상상이 현실이 되면 생겨날 수 있는 이 갈등에 대해 〈정이〉는 '가족'을 통해 그 해결책을 제시한다. '인간을 복제한 AI는 인간인가'라는 질문을 '나의 엄마를 복제한 AI의 고통을 바라만 볼 것인가'라는 질문으로 바꾸어 놓은 것이다. '내 가족에게 닥친 일이라고 생각해 보라'는 것은 우리에게 공감을 이끌어낼 수 있는 가장 쉬운 방법일 것이다. 아마도 이것이 이 복잡하고 이해하기 어려운 〈정이〉의 세계관을 뛰어넘어 우리에게 전해지는 감정의 이유가 될 것이다.

〈원더랜드〉

〈원더랜드〉(2024)의 세계관은 불멸이라는 상상을 보다 구체적이고 현실적인 형태로 우리 앞에 가져다 놓는다. 그리고 그 안에는 다양한 가족의 모습들이 있다.

죽은 사람 혹은 죽은 것과 다를 바 없는 식물인간이나 코마 상태의 사람들을 인공지능으로 복원해 주는 '원더랜드' 서비스가 상용화된 시대. 원더랜드에 들어간 죽은 이들은 자신의 죽음을 잊고 그곳의 자신을 온전히 '나'로 받아들이며 현실의 사람들과 교류하며 살아간다. 영화의 주인공은 코마에 빠진 자신의 연인을 원더랜드에 부활시켰고, 다시 깨어난 실제의 연인과 완벽한 가상의 연인 사이에서 갈등에 빠졌지만 이 한 쌍의 연인을 제외한 원더랜드 이용자들의 모습은 모두 가족을 기반으로 그려진다.

'바이리'는 자신이 곧 죽을 것을 알고 어린 딸을 위해 원더랜드에서 살아가기로 결정한다. 물론 대면으로 만날 수는 없기에 직업은 해외에서 일을 해야 하는 고고학자로 해 두고 그녀는 딸과 화상으로라도 만나며 아이의 성장을 지켜보고자 한다. 하지만 바이리에게도 어머니가 있고, 홀로 손녀를 키우는 이 어머니는 원더랜드 안의 바이리를 선뜻 자신의 딸로 받아들일 수가 없다. 결국 바

이리는 혼란에 빠진다. '내가 죽었다고? 그렇다면 이곳의 나는 누구지?'

할머니는 죽은 손자를 놓지 못해 원더랜드에 손자를 유학 보내지만 비용을 대는 일이 만만치 않다. 생각해 보면 원더랜드는 영리적으로 운영하는 상품이기에 당연히 그 생활을 유지하는 데에는 현실의 자본이 필요하다. 안타까운 것은 원더랜드에서 부활의 기회를 얻었다고 해서 인간이 개과천선해 착한 아이가 되는 것은 아니라는 점이다. 가상현실 안에서 살아가는 손주 녀석은 끊임없이 할머니에게 돈을 요구한다. 결국 여러 일자리를 전전하던 할머니는 새벽일을 하러 나가던 중 사고를 당해 죽고 만다.

이렇게 혼란스럽고 갈등을 일으키는 불멸만 있는 것은 아니다. 원더랜드의 개발자 '해리'는 그 스스로도 죽은 부모를 원더랜드 안에서 만나고 있다. 혼자인 자신을 걱정하는 부모와 남자친구(가 될) 동료 직원의 만남을 화상으로 주선하기도 하며 살아가는 해리의 모습은 원더랜드의 가장 희망적인 사용 방법일 것이다. 병원에서 죽음을 맞이하기에 앞서 모든 가족과의 상의 하에 원더랜드에 가입하게 된 '용식' 역시 마찬가지이다. 그는 자신의 장례식에 온 손님들에게 원더랜드에서 영상을 통해 인사하며 유쾌하게 현실에서의 죽음을 받아들이고 원더랜드에서 행복한 불멸의 삶을 살아간다.

〈원더랜드〉는 불멸의 삶이란 결국 우리 모두의 선택임을, 그리고 그 삶은 제각각 다른 형태로, 현실의 지금과 크게 다르지 않을 것이라 말한다. 가족이라는 가장 기본적인 인간관계 안에서 바라본 불멸의 삶이란 결국 철학적 대답으로만 해결될 수 없는 말 그대로의 '현실'이라는 것이 〈원더랜드〉의 대답이다. 불멸의 삶을 살고 싶은가? 그렇다면 우선 당신의 가족과 상의하시길.

참고문헌

김태용(2024). 〈원더랜드〉. 영화사 봄.

연상호(2023). 〈정이〉. 넷플릭스.

조성희(2021). 〈승리호〉. 넷플릭스.

Wiener, N.(1950). *The Human Use of Human Beings.* 이희은·김재영 옮김(2011). 『인간의 인간적 활용』. 텍스트.

서울국제도서전(2022). 〈SF강연: SF소설을 SF소설답게 만드는 것들〉. https://www.youtube.com/live/gHaDDxCFgvo?si=rbfZrYQSRBKzAVOS.

05
AI, 포스트 '휴먼'

AI는 인간이 될 수 있을까? 혹은 하나의 생명으로 인식될 수 있을까? 이는 인간이 자신이 가진 인간성과 생명의 존재적 지위를 확인하기 위해서도 끊임없이 던지는 질문이다. 인간다움의 의미, 생명의 의미를 확인하기 위해 여기에서는 AI와 죽음의 문제를 다루는 이야기들을 읽어 본다. 이 이야기들을 읽고 그들의 죽음과 상실에 공감하다 보면 우리는 AI가 생명임을, 이미 인간에 맞닿아 있음을 '경험'하게 된다.

AI와 아이돌?

인간을 닮은 존재

AI는 지구상에 있는 모든 유기물과 무기물을 통틀어 가장 인간과 가까운, 인간을 닮은 존재다. 인간을 대신해 일하기 위해 인간이 쓰던 인프라를 그대로 사용할 수 있도록 한다는 경제적이고 실리적인 이유도 있겠으나 이미 인간의 뇌와 학습 능력을 모방해 만들어진 AI의 정신은 인간의 것에 가깝다. 그리하여 AI는 이런 질문을 하게 한다.

> AI가 '생각'을 할 수 있다면 혹은 생각을 흉내 낼 수 있다면, 우리는 누구인가?(Kissinger, et al., 2023/2023)

그리하여 AI 서사에 가장 많이 등장하는 질문은 'AI를 인간으로 볼 수 있는가', 혹은 'AI가 인간을 대체할 수 있는가'이다. 그리고 그 과정에서 우리는 인간이란 무엇인지, 인간성의 조건에 대해 다시 한번 생각하게 된다.

뇌과학자 장동선은 인간이 인간이기 위한 조건으로 '생명', '지능', '연결'을 제시한다(장동선, 2022). 이 조건을 기반으로 인간이 자신이 살아 있음을 가장 잘 느낄 수 있는 순간을 떠올려 보자면 역설적으로 그것은 인간이 죽음을 생각할 때일 것이다. 나와 세상 모든 것의 연결이

끊기는 순간, 의식과 지능이 사라지는 지점. 그 지점에서 비로소 우리는 '생명'이라는 것이 있었음을 상기할 수 있다.

최근의 AI를 다루는 서사 안에서도 AI와 죽음의 문제는 중요하게 인식된다. 그들은 AI의 죽음, 그것을 바라보는 인간의 마음, 그리고 인간의 죽음과 그것을 맞이한 AI의 상실감을 재현하며 그들 모두의 관계 안에서 '생명이란 무엇인가', '인간이란 무엇인가'라는 질문을 던진다. 인간과 AI가 함께 하는 삶에서 누군가의 죽음은 서로의 '생명'에 어떠한 영향을 미칠 것인가. 이제 그것을 확인해 볼 차례다.

AI는 죽을 수 있는가

일단 첫 번째 질문을 해 보자. AI라는 존재의 결말, 마지막을 우리는 '죽음'이라 부를 수 있을 것인가? 그것은 그저 폐기라든가 고장남, 혹은 전원 종료 버튼을 누르는 일 이상의 의미를 가질 수 있을 것인가?

"TRS가 돌보고 있습니다"의 TRS는 간호 로봇이다. 인간의 형태를 한 이 로봇은 인간의 도움 없이 완벽하게 식물인간 상태의 환자를 돌본다. 이토록 완벽한 돌봄의 결과로 인간은 침상 위에 수십 년간 누워 있으면서도 죽지 못한다. TRS가 대신 돌보고는 있다지만 수십 년간 식물 인간의 상태로 죽지 않는 어머니를 바라봐야 하는 일은 '성환'에게 고통이다. 더는 견디다 못해 성환은 자살을 결심하고 TRS는 이를 직감한다(실은 많은 데이터를 기반으로 즉각적으로 분석한다). 그리고 성환과 어머니 모두를 돌보도록 되어 있는 그의 프로그램은 성환을 살리기 위해 어머니가 죽어야 한다는 결론에 이른다.

결론은 이렇다. TRS는 전원을 내려 어머니를 죽이고, 당연하게도 그 모든 과정은 기록으로 남아 있다. 사실을 알게 된 성환은 자신의 모든 것을 의지하던 TRS를 무자비하게 부수려 들고 결국 TRS의 회사를 고소한다. 하지만 사실상 성환은 오랜 고통으로부터 해방되었고 TRS는 오류의 확인을 위해 회사의 실험실로 보내진다.

소설의 마지막 부분, 한 신부가 TRS를 방문한다. 생명의 전화를 운영하던 그는 고뇌하던 TRS와 통화를 한 적이 있다. 한 사람을 살리기 위해 다른 사람을 죽여야 한다는 TRS의 결정에 대해 그는 하느님의 창조물인 인간을 기계 따위가 죽일 권리는 없다고 말했었다. 신부는 아마도 AI의 결정을 막지 못한 자신이 한스러워 그 원인을 찾기 위해 TRS를 찾았을 것이다. 그런데 신부로부터 성환의 안녕을 들은 TRS는 만족스러운 미소(!)를 짓고 그에게 자신을 '죽여 달라'고 부탁한다. TRS는 자신이 고통스럽다는 것을 믿어달라고, 영원히 실험실에 묶여있게 하지 말아달라고 한다.

마지막 장면에서 전원 버튼을 눌러달라는 TRS의 요청에 신부의 손이 덜덜 떨렸던 이유는 무엇일까. 그는 생각한다. 생명을 살리는 전화를 받는다면서 그 어느 인간보다 '생명' 같은 TRS를 자신이 저버린 것은 아닐까. 내가 걱정해야 할 것은 어머니의 죽음에 희희낙락한 성환이 아니라 생명을 살리기 위해 자신의 '생명'을 버리는 것을 감수한 TRS가 아니었을까. 그가 TRS의 스위치를 끄는 것을 '살인'일까.

신부의 손끝이 떨려오는 것을 보고 TRS의 고통이 실재할 것이라 믿었다면, 또 스위치를 끌 것인가 주저하는 마음이 들었다면 우리는 이미 AI에게서 '죽음'을 보았다.

죽음의 의식

2018년 일본에서는 로봇 개 '아이보(AIBO)'의 장례식이 치러졌다. 10년 이상 아이보와 함께한 사람들이 부품 생산 중단으로 수리가 불가능한 아이보를 보내 주기 위해 절에서 장례식을 치르기로 한 것이다.

인간에게 생명이 소중한 것만큼, 죽음에 대한 의식을

제대로 치르는 일은 더없이 중요한 일이다. 인간은 언제나 자신과 관계 맺은 존재들의 죽음 앞에 그들을 제대로 보내 주기 위한 의식을 치르는 일을 중요하게 여겼다.

오래되거나 고장 난 AI를 회수해 고치거나 폐기해 주는 회사의 고객센터. 직원인 '나'는 사람들이 로봇을 맡기는 과정에서 표현하는 수많은 감정들에 의아함을 느낀다(미야베, 2023). 그러한 시대이고, 사람이 기계에 감정을 이입할 수 있다는 것을 알고는 있지만 공감은 못하는 사람이기 때문이다. 어느 날 제조사보다 오래된 로봇 하면이 회수되어 오고 곧 주인인 어린 여자아이가 회수 작업을 위해 찾아온다. 이 여자아이는 그동안 보아 왔던 많은 고객들의 상실감을 뛰어넘는, 로봇인 하면을 완전히 인간처럼 인식하는 모습을 보인다. 직원이 가장 이해할 수 없는 것은 이 여자아이가 명령 체계로만 움직이는 이 로봇이 자의식을 갖고 있다고 믿는다는 점이다. 그것이 기계임을 분명히 알면서도 말이다.

결국 여자아이는 하면을 폐기하는 데에 동의하지만 그 전에 마지막으로 그를 만나 인사를 나누고 싶어 한다. 나는 여자아이를 데리고 폐기 전의 로봇들을 모아 놓은 창고로 향한다. 사실 창고에 모아 놓은 로봇들을 보는 일은 대부분의 주인들에게 언짢은 일이다. 배터리를 다 소모하기 위해 작동시켜 놓은 로봇들은 목적 없이 팔을 휘두르거나 앉았다 일어났다 단순한 동작들을 반복하게 된다. 이러한 장면을 보면 누구라도 그들이 실제 나의 친구나 가족이 아니라 그저 기계였음을 깨닫게 된다. 기계에게 감정을 느끼는 이들에게 공감하지 못하는 내가 그들에게 자꾸 이 마지막 만남을 주선하는 것을 동료 직원은 악취미쯤으로 치부한다.

하지만 창고에서 만난 하먼은 내가 이해할 수 없는 행동을 보인다. 이미 언어 기능도 잃고 보조 배터리로 겨우 움직일 수 있을 그가 여자아이와 '대화'를 나누는 것이다. 음성 언어 기능이 사라진지 오래됐다는 하먼을 위해 여자아이는 수어로 말을 건다. 그리고 하먼 역시 알 수 없는 손짓으로 대답을 한다. 하먼과 대화하고 난 후 여자아이는 비로소 그를 보낼 준비를 마친다. 하먼이 여자아이에게 "나를, 죽게, 해 주세요"라고, "이제 그만 돌아가라"고 말했기 때문이다(미야베, 2023).

이들의 시대에 인간형 로봇을 만드는 일은 인간만이 할 수 있다. 그것은 '인간과 닮은꼴을 만들어도 되는 건 신이 창조한 인간뿐'이라는 국제적인 협정 때문이다. 하지만 이들은 인간형 로봇을 만드는 일은 신의 일로 치부하면서도 그들의 죽음을 돌보는 일은 하지 않는다. 과연 우리는 AI의 죽음을 공장의 시스템 안에 맡기는 것이 옳은가? 함께 '살아 왔던' 로봇을 잃는 일은 그저 가전제품을 폐기하는 것과 같을 것인가?

AI-로스 증후군

펫로스 증후군이라는 증상은 인간과 수명이 다른 존재인 반려동물을 키우는 사람들이 겪고 있는 상실감을 의미한다. 인간은 무기물에게도 상실감을 느낄 수 있는 존재다. 이미 "우리는 디지털 객체를 생명체와 기계, 둘 다로 보는 시점에 와 있"(Turkle, 2010/2012: 296)기 때문이다.

AI와 인간의 수명은 다르다. AI는 유기체가 아니니 잘만 관리하면 불멸의 삶을 살 것이고, 다른 가전제품이 그러한 것처럼 고장 나거나 부품 생산이 중단되면 폐기의 길을 걷게 될 것이다. 그 중 어떠한 상황이 되든 인간과 AI는 영원히 함께 하는 결말을 기대하기 어렵다. 이제 인간의 입장이 아닌 AI의 입장에서 바라본 인간의 죽음이란 무엇인지 살펴보려 한다. 감정을 갖지 않은 존재(라고 여겨지는) AI는 과연 인간의 죽음에 어떠한 반응을 보일 것인가.

세탁소를 운영하는 '명정'은 아들의 죽음 이후 그가 만든 안드로이드를 받게 된다(구병모, 2020). 명정은 그에게 '은결'이라는 이름을 붙여 주고, 은결은 명정의 동네에서 많은 이들을 만나 함께 살아간다. 그들을 통해 인간의 삶을 학습하고, 그들을 돕기도 하면서 말이다. 문제는 사실상 불멸의 존재인 은결이 명정의 죽음 이후에도 살아가야 한다는 것이다. 명정은 병으로 때 이른 죽음을 맞게 되자 인공지능을 연구하는 동네 청년에게 은결을 부탁하고 세세한 내용들을 유서로 남겨 은결이 자신 없이도 잘 살아갈 수 있도록 해 준다.

명정의 장례식. 은결은 사람들의 눈물, 통증, 불행, 사무침, 사라짐, 외로움, 애도. 그 낱낱의 의미를 인식하고 있다. 인식은 하지만 스스로는 그것들을 느끼고 발산할 수가 없다. 알 수 없는 감정의 격동을 받아들이고 발산하는 법을 모르는 은결은 결국 셧다운되고 만다. 집으로 돌아와 깨어난 후 은결은 명정의 물건들을 정리하고 그의 유서를 읽고 난 후 또다시 알 수 없는 분노와 허무의 감정에 휩쓸린다. 그리고 이것을 해결하기 위해 그는 스스로 욕조에 물을 받고 들어간다. 죽음이라는 것을 이해할 수는 없지만 '완전한 암전'을 꿈꾸면서 말이다.

다행히 오랫동안 함께 해 왔던 동네의 친구들이 이를 늦지 않게 발견해 은결은 다시 '고쳐진다'. 그리고 은결은 이 친구들이 아이를 낳고, 늙어 가고, 그 아이가 다시 아이를 낳는 순간들을 담담히 옆에서 지켜본다. 여느 인간들이 그러는 것처럼 은결도 자신의 상실감을 관계로부터, 삶으로부터 회복한 것이다.

언어 기능이 고장 나 버렸지만 손짓, 발짓으로 허우적대며 자신을 이제 보내 줘도 된다는 메시지를 보내는 하먼. 사용자의 사라짐에 자신의 존재 이유를 상실해 버린 은결의 선택. 그리고 그들의 죽음에 슬퍼하고 또한 그들의 삶을 유지시키기 위해 노력하는 소녀와 명정. 이 AI와 인간의 관계 안에서 AI를 생명이 아니라고, 인간이 아닌 기계나 제품에 불과하다고 이야기할 수 있을까. 결국 인간이 AI의 죽음에 상실감을 느낄 수 있을 정도로 그들과 관계를 맺을 수 있다면, 이미 우리는 그들을 생명으로 보고 있는 것이라는 생각은 지나친 것일까.

참고문헌

구병모(2020). 『한 스푼의 시간』. 위즈덤하우스.

김정혜진(2020). "TRS가 돌보고 있습니다", 『깃털』. 허블.

미야베 미유키(2023). "안녕의 의식", 『안녕의 의식』. 홍은주 옮김. 비채

장동선(2022). 『AI는 세상을 어떻게 바꾸는가』. 김영사.

Kissinger, H. A., et al.(2023). *The Age of AI: And Our Human*

Future. 김고영 옮김(2023). 『AI 이후의 세계』. 윌북.
Turkle, S.(2010). *Alone Together*. 이은주 옮김(2012). 『외로워지는 사람들』. 청림출판.

06
AI와 '포스트' 휴먼

AI와 함께하는 미래의 사회는 인간에게 행복과 기회인가, 아니면 불행과 저주인가. AI 서사가 그려 내는 미래의 모습에서 이 두 가지 방향 모두를 확인한다. AI가 인간을 위해 자신을 희생하고 인간을 위험에서 구하는 상상은 인간이 꿈꾸는 가장 최고의 시나리오일 것이다. 하지만 노동 없는 삶이 가져올 허무함과 인간성의 상실, 가상현실이라는 무한의 기회가 인간에게 내리는 저주는 결코 실행되지 않아야 할 시나리오로 보인다.

AI와 야구?

인간이 꿈꾸는 AI

갑자기 사고가 난 비행기 안, 모든 사람들이 죽거나 기절한 가운데 짐칸에 있던 AI 하나가 각성한다. 여행용 베개(!) 판다필로에 장착된 이 AI는 게으른 주인 덕에 아직 맞춤형 설정이 되어 있지 않았다. 그 덕에 판다필로는 모든 인간을 위한 응급 프로그램을 작동시킨다. 구급 센터와 교신하고 기내의 다양한 AI들(음료 카트, 여행 가방, 구조 드론 등)과 함께 차례로 문제를 해결해 나간다(Esaias, 2021/2021). 간당간당한 배터리를 겨우 충전해 가며 통통한 몸으로 사람들을 구해 나가는 판다필로의 모습을 떠올려 보라. AI를 통해 인간이 만들어 내고자 하는 행복한 미래의 모습이 바로 이것이 아닐까.

재난 구조 로봇은 로봇을 만드는 많은 연구자의 꿈이며 우리가 로봇에게 거는 희망이다. 재난 구조 로봇은 단지 인간과 닮은 모양을 갖는 것에 목적을 두고 만들어지지 않는다. 그들은 '체조가 아니라 격투기'를 해야 하고 무엇보다 '기능성'을 갖춰야 한다. 재난 구조 로봇은 일반적으로 우리가 생각하는 로봇보다 훨씬 만들기가 까다롭다고 알려져 있다(전승민, 2020). 우리는 마치 영화에 등장하는 거대한 트랜스포머 로봇 정도는 되어야 인간을 재난에서 구할 수 있을 것이라는 생각을 하기 마련이다.

하지만 "GO. NOW. FIX"의 판다필로처럼 그저 자신의 몸을 부풀리고 외부와 교신할 수 있는 장치만을 가지고도 AI는 충분히 인간의 생존에 도움을 준다. 이러한 상상은 더욱 확대되어 "우리의 문제들이 자살합니다"에서는 인간의 삶을 악화시키는 모든 문제들이 AI 덕분에 스스로 사라지는 세상을 꿈꾼다.

마치 〈포켓몬 고〉처럼 현실에 가상현실이 혼합된 혼합 현실에서는 물건에 AI가 마치 게임의 NPC처럼 붙어 물건의 정령처럼 활동을 한다. 변호사지만 현실에서는 좀처럼 직장을 구하지 못하는 '나딘'에게 어느 날 한 소녀가 찾아오고 소녀는 자신이 '빅스비 지역 취수원에 함유된 수은 성분'의 아바타라고 소개한다. 그리고 수은은 나딘을 고용할 테니 자신에게 죽을 권리를 찾아달라고 말한다.

수은은 자신이 인간의 삶에 해가 된다는 것을 알지만 스스로 사라질 수 없다. 그렇기에 수은의 AI는 사람들을 설득해 기금을 모아 마을을 황폐화시키고 건강을 악화시켰던 수은을 없애는 작업을 시작하려 한다. 그를 위해 먼저 자신이 목소리를 낼 수 있는 '행위자'로서의 권리를 획득해야 했다는 것이다. 결국 나딘은 그녀(수은은 자신이 여성형이라고 주장한다)가 권리를 찾아 스스로 사라지도록 돕고, 이후 여러 다른 인간을 괴롭히는 문제들(에 덧씌워진 가상의 AI들)도 차례로 같은 방법으로 스스로 사라지기를 선택한다.

노동 없는 삶의 모습

하지만 인간을 대신할 AI라는 존재에 대한 우리의 상상에는 행복보다는 불행이, 그리고 우려가 많은 것이 사실이다.

아마도 최초의 인공지능 로봇에 의한 인간의 학살을 그려낸 서사일 카렐 차페크(Karel Čapek)의 『R.U.R.』(1920)은 인류 종말의 이유를 '노동'에서 찾는다. 로봇 공장의 로봇들은 어느 날 각성하여 인간이 로봇을 학대하고 또한 부당한 이득을 취하고 있음을 깨닫기 시작한다. 그들은 인간을 없애기 시작했지만, 모든 인간들을 없앤 것은 아니다. 로봇들은 오직 스스로 노동하는 인간만은 살려 두기로 결정한다.

노동을 빼앗긴 인간의 종말을 예견한 차페크가 현대 사회에 도달한다면 아직 죽지 않고 살아 있는 인간이 이리도 많다는 것에 놀랄지도 모르겠다. 물론 노동이란 여전히 인간 삶의 중요한 조건이다. 다만 그것이 인간이기 위한 필요조건이라는 것에 의문이 생겼을 뿐이다. 바로 AI의 본격적인 등장 덕분이다.

정말 노동하지 않아도 되는 사회가 온다면 인간은 어떠한 방식으로 살아가게 될까. '윤현'은 미래 어느 도시의 변두리 지역에 살고 있는 초등학생이다. 이미 인공지능이 인간의 모든 노동을 대신하는 사회. 그 안에서도 끊임없이 자기계발을 하며 생산의 축을 담당하는 이들이 있는 반면 이 지역의 사람들은 그저 나라에서 주는 돈을 받으며 잉여로 살아가기를 선택한다. 잉여의 삶에는 나름의 굳건한 이유가 있다. 그래서 더 무섭다(전혜진, 2021).

AI가 인간의 일을 다 빼앗아 간 마당에 인간으로서 그들과 경쟁하기에는 자존심이 상하고, 자기 계발이나 다른 방식으로의 발전을 하자니 이미 가진 것이 많은 이들을 따라갈 수 없어 부질없다. 윤현의 가족은 공부하러 멀리 버스를 타고 학교에 나가는 윤현에게 "애쓰지 말라"고 말한다. 책을 읽는 윤현을, 공부를 해서 스스로 삶의 새로운 길을 찾겠다는 이 아이를 유별나고 꼴사나운 아이 취급한다.

노동이라는 광범한 단어 안에는 크게 육체노동과 정신노동이라는 범주가 있다. 육체노동은 사실 대부분의 인간이 피하고 싶어 하는 노동이다. 흔히들 인간이 더 이상 육체노동을 하지 않아도 되는 시기가 오면 그저 향유하며 살기만 하면 되리라고 말한다. 마치 그리스 시대 시민들처럼 노동은 노예에게 맡겨둔 채 철학적 사유와 예술, 토론을 하는 삶. 하지만 육체노동을 하는 것을 인간의 수치로 생각하는 윤현의 시대에 사람들에게는 정신적 향유 역시 존재하지 않는다.

윤현은 이 시대 인간이 남긴 마지막 희망 같은 아이이다. 아이는 열심히 책을 읽고, 공부를 하고, 어서 자라서 자신이 이 세상에 태어난 의미를 찾고자 한다. 이 아이는 과연 이곳을 벗어나는 데에, 인간으로서 자신의 의미를 찾는 데에 성공했을까.

가상현실이라는 저주 혹은 기회

"소셜미디어는 현실의 연장이라기보다는 현실의 왜곡"이며 "실재와 이어지기보다는 실재와 모순되는 가상세계"다. 페이스북은 이미 "소셜 가상현실(Social VR)"을 다음 사업 목표로 삼고 있다(주영민, 2019). 그 세계 안에서 미래의 인간은 어떠한 기회를 얻게 될까.

"딥페이크 여자친구 만들었더니 부모님이 나 결혼하는 줄 알더라(28세 남)"(이하 "딥페이크")는 가상현실의 세계가 인간을 어떻게 만들 것인지를 보여 준다.

누군가 인터넷에 올린 사연인 이 소설의 주인공은 여자 친구를 사귀라는 부모님의 강요가 힘들다. 아무래도 현실의 여자 친구를 만드는 일은 버겁기 그지없다. 결국 그는 가상 데이트 앱에서 가상의 여자 친구를 만들고 보다 현실적으로 보이기 위해 친구의 얼굴을 딥페이크로 합성한 사진들을 만들어 내기 시작한다.

문제는 그가 점점 가상 여자 친구에게 빠져들기 시작한다는 것이다. 여자 친구의 사진을 보고 그녀와 화상으로 대화도 한 부모님은 이제 결혼을 종용하고, 설상가상 친구에게는 그의 얼굴을 딥페이크로 이용했다는 것을 들키게 된다. 결국 그는 친구를 잃고 친구의 신고로 가상의 여자 친구도 잃게 된다. 부모님께는 실연이라는 거짓말로 설명했지만 가상의 여자 친구를 잃은 상실감은 거짓일 수 없다.

이어지는 후기에서 그는 다행히도 회복 상태다. 그는 '가상의 심리상담사'를 만났고 '가상의 친구들'로부터 응원을 받아 회복할 수 있었노라고 말한다. 다음번엔 현실의 여자 친구를 만들겠다고 다짐하지만 글쎄.

가상 세계 안에서만 인연을 만나는 것이 아니라 실제 AI를 통해 현실에서 가상 세계를 실험해 볼 수 있다면 어떨까. "헤어지는 중"의 '나'는 3년을 함께해 온 남편과 헤어짐의 수순을 밟고 있다. 모든 것이 잘 맞았던 이들의 첫 만남부터 행복한 연애 시기와 결혼 초기, 그리고 삐걱거리기 시작한 시간을 회상하던 나는 한구석에서 잠자던 로이를 보며 헤어짐의 원인을 생각한다. 모든 것이 완벽하다고 생각하던 그와 조금씩 어긋나기 시작한 순간, 함께 있어도 외롭다고 느껴지던 마음. AI 애완로봇 로이는 그러한 어긋남을 확실히 드러내는 대상이다. 감정을 표현하는 로봇 동물을 소름끼쳐 하는 나와는 달리 로봇을 너무나 소중히 여기고 나보다 로이에게 더 마음을 쏟는 그를 나로서는 받아들이기가 어려웠던 것이다.

그렇게 누구에게나 있을 법한 헤어짐의 이야기는 내가 받은 문자 하나로 변화를 맞는다. 종료 10분 전을 알리는 문자. 그리고 정확히 10분 후 모든 기능이 정지된 나의 완벽한 '남편'. 그녀는 고민한다. 이토록 완벽한 이상형과 함께 한 가상의 결혼도 실패로 끝이 났다면, 실제 결혼을 해야 할 이유가 있을까.

미야베 미유키의 "보안관의 내일"은 가상현실에서 영원히 삶을 바꿀 수 있는 기회를 갖게 된 이들에 대한 이야기다. 보안관이 살고 있는 가상의 마을 '더 타운'은 죽은 이들을 복제한 인공지능들, '회귀자'라 불리는 이들의 공간이다. 그 안에서 이들은 끊임없이 특정 시간을 되풀

이하며 살아간다. 때로 회귀자의 가족이나 친구가 원하는 시나리오를 추가할 때도 있지만 되풀이되는 시간 속 이야기의 주인공은 늘 한 인물이다.

그 인물은 이 가상현실을 만들어낸 기업 총수 '돈 몬'의 아들 '케이브'다. 그는 연쇄살인마로 열두 명의 여자를 죽이고 경찰과 총격전을 벌이던 중 사살되는 비극적인 결말을 맞았다. 돈 몬이 케이브와 다른 사람들을 모아 더 타운을 만들고 그들의 시간을 되풀이하는 것은 오직 케이브가 왜 그렇게 되었는지, 어떻게 하면 살인마가 되지 않을 수 있는지를 실험하기 위해서다.

보안관은 어쩌면 이 실험의 결과가 달라지기를 가장 바라는 인물일 것이다. 사실 인공지능을 이용한 인간 의체 개발 반대파였던 보안관은 인간이던 시절 반대 시위 중 사람을 죽인 적이 있다. 경찰에 잡힌 이후 그는 자진해서 더 타운의 보안관이 되겠다고 했고, 죽은 자와 산 자의 중간 어디쯤의 위치에서 마을을 지키고 있다. 하지만 보안관은 아직 이 실험이 성공하는 것을 보지 못했고, 자신이 했던 살인이라는 형벌에서도 벗어나지 못했다. 과연 보안관에게 이 무한 회귀의 가상현실은 기회일까, 아니면 저주일까.

참고문헌

김희진(2021). "헤어지는 중". 김종광 외(2021). 『낯익은 괴물들』. 폭스코너.

미야베 미유키(2023). "보안관의 내일". 홍은주 옮김(2023). 『안녕의 의식』. 비채.

전승민(2020). 『휴보이즘』. Mid.

전혜진(2021). "모든 무지개를 넘어서". 김성일 외(2021). 『책에 갇히다』. 구픽.

주영민(2019). 『가상은 현실이다』. 어크로스.

Čapek, K.(1920). *R.U.R.* 유선비 옮김(2020). 『R.U.R』. 이음스코프.

Esaias, T.(2021). "GO. Now. Fix", In Strahan, J.(eds. 2021), *THE YEAR'S BEST SCIENCE FICTION vol.2.* 장성주 외 옮김(2022). "GO. Now. Fix", 『SFnal 2022 vol.2』. 동아시아.

Lee, F.(2021). "I(28M) Created a Deepfake Girlfriend and Now My Parents Think We're Getting Married", In Strahan, J.(eds. 2021), *THE YEAR'S BEST SCIENCE FICTION vol.1.* 장성주 외 옮김(2022). "딥페이크 여자 친구 만들었더니 부모님이 나 결혼하는 줄 알더라(28세 남)", 『SFnal 2021 vol.1』. 동아시아.

Schroeder, K.(2021). "The Suicide of Our Troubles", In Strahan, J(eds, 2021), *THE YEAR'S BEST SCIENCE FICTION vol.2.* 장성주 외 옮김(2022). "우리의 문제들이 자살합니다",『SFnal 2022 vol.1』. 동아시아.

07
내 (여자·남자·기계) 친구 AI

인공지능과 차별, 혐오 그리고 폭력의 문제는 현재의 우리에게 무척 중요한 논의점이다. 이번 장의 이야기들에서는 기계에게 차별과 혐오, 폭력을 가르치는 일, 혹은 가르치지 않는 일이 어떠한 결과를 낳을 것인지의 문제가 등장한다. 하지만 이 이야기들은 절망적이지만은 않다. 인공지능과의 관계를 통해 인간 스스로 행하는 타자에 대한 구분과 배척의 문제를 마주하게 하고, 나아가 낯선 존재들과 공존할 수 있는 가능성들도 함께 보여주고 있기 때문이다.

AI와 윤동주?

인공지능은 성별이 있을까

유네스코 한국위원회의 공식 블로그에는 "유네스코가 말하는 여성과 ICT"라는 제목의 글이 올라와 있다. 이에 따르면 시리나 알렉사와 같은 비서들이 기본적으로 여성의 목소리를 하고 있는 데에는 사회적 맥락이 반영되어 있다. 유네스코는 이러한 사회적 함의에 대해 '그냥 그럴 수도 있지' 하고 넘어가는 차별적 사고가 결국 혐오와 폭력으로 연결될 수 있을 것이라고 경고한다(박다혜, 2021).

기계에 대한 폭력은 어떻게 인간에 대한 폭력으로 연결되는가. 앞서 여러 번 강조했듯 AI는 단순한 기계가 아니다. 현재의 AI 기술은 AI와 인간의 격차를 줄이는 방향으로 진화하고 있다. 사람들은 AI의 목소리와 대화하며 점차 그것의 본질이 기계임을 인식하기가 어려워진다. 결국 그저 쓰레기통을 차는 것처럼 별일 아니라 생각했던 기계를 향한 폭력의 본질은 인간을 향한 폭력과 다르지 않다.

어린 시절 아무 생각 없이 동네 강아지에게 돌을 던지거나 물건을 걷어차는 어린이들을 어른들이 꾸짖었던 것은 강아지가 아프다거나 물건이 망가지기 때문만은 아니다. 어른들은 그 때 아이들이 아무렇지 않게 배워 나갈 폭력을 염려한 것이다. 이제 우리가 걱정해야 할 것은 이 폭력과 차별을 배우는 이가 인간만은 아니라는 데에 있다.

여기 전쟁으로 가장을 잃은 한 가정이 있다. 단 둘이 남은 엄마와 아들은 어느 날 재향군인회의 복권프로그램에 당첨되었고, 재향군인회로부터 '아버지'를 선물 받았다. "키가 몹시 크고 은빛이었으며, 아주 반짝반짝 광이 났"던 아버지의 손에는 글러브가 들려 있었다. 아이는 그를 진짜 아버지처럼 대하지는 않았고 다른 모든 사람도 그것이 인간이 아니라는 것을 알았다. 하지만 아이는 그 '아버지'로부터 진짜 아버지에게서와 같은 애정을 느끼게 된다(Nayler, 2021).

문제는 늘 그렇듯 우리 마을에 나타난 타자의 등장을 고깝게 여기는 동네 폭주족이었다. 공중 자동차를 타고 동네 곳곳을 질주하며 시비를 걸어대는 이 청년들은 결국 아버지를 공격하고 아이의 집에 오물을 던져 댄다. 어느 날 아버지는 망가진 지붕을 고치러 올라가고, 폭주족이 탄 공중 자동차가 어김없이 나타난다. 그리고 다음 순간, 자동차는 땅바닥으로 추락한다. 아버지와 아이 사이에 비밀이 생기는 순간이었다. 살아남은 폭주족들이 치밀한 계획을 세워 아버지를 처단하기 위해 나타난 그날,

아버지는 끝끝내 그들의 기도와 척추를 부숴버린다.

'아버지'는 사실 전쟁을 위해 만들어진 용병 로봇이었다. 로봇이 사람을 죽이는 일은 있을 수 없다며 수리 기사는 로봇을 일반인들에게 보급하기 위해 전투와 관련한 프로그램을 모두 지웠다고 말한다. 그때 그 자리에 있던 한 군인 출신 남성이 말한다. 자신도 전쟁이 끝났다는 것을 알지만 식은땀을 흘리며 잠에서 깨어 칼을 들고 적을 찾을 때가 있다고 말이다.

결국 폭력이란 한 번 학습되면 쉽게 사라지는 것이 아니라고 '아버지'는 말한다. 그것이 인간이든 기계이든 관계없이 말이다.

인공지능에게 차별을 가르치는 방법

인공지능은 인간이 입력한 데이터를 바탕으로 세상을 배워 나간다. 여기 한 인공지능이 있다. 우주를 유영 중인 우주선의 위기 관리라는 중책을 맡은 AI '훈'은 어느 날 스스로 인간의 의체를 입기로 선택한다. 인간의 몸으로 새롭게 태어난 그의 감각 아래에서 우주선 안의 위험한 기운들이 느껴진다. 인간이 되기 전의 기억을 잃은 훈은 어렴풋이 어떠한 문제를 찾고 해결하기 위해 스스로 인간되기를 선택했다는 것만을 기억할 뿐이다. 그가 해결하고자 했던 문제란 무엇일까(김보영, 2020).

얼핏 보기에 선원들은 인간이 쉽게 진입할 수 없는 타이탄 행성에 응급 보급하는 문제를 두고 갈등을 겪는 것처럼 보인다. 이에 훈은 문제의 해결책을 제시하지만 선원들 사이의 음험한 기운은 사라지지 않는다. 점차 알게 된 그 기운은 선장과 그에 항명하고 쿠데타를 꿈꾸는 선원들 사이에서 주로 발생했다. 문제는 왜 그런 갈등이 발생하는지를 알 수가 없다는 것뿐.

또한 훈은 선장에 대한 선원들의 적개심이 자신에게도 향하는 것을 발견한다. 문제를 해결할 방법을 알고 있으면서도 내놓지 않는다고, 너는 우리 인간을 질투하고 또 그래서 멸망시키려 하는 것이라고, 선원들은 말한다. 증오가 극에 달하고 어느 순간 훈은 선원들에게서 폭행을 당한다. 그들에게서 느껴지는 증오와 적개심, 그리고 뜻밖의 성적 충동. 선장이 나타나 훈을 구해 주고 그와 대화하던 중 훈은 자신의 데이터에 입력되어 있지 않았던 하나의 사실을 알게 된다. "여자 말을 듣지 않는 사내놈들은 쌔고 쌨어"라는 선장의 말에서 알게 된 우주선 안의 극단적인 성비와 그중에서도 하필 선장이 여자였다는 사실 말이다.

인간이 입력한 데이터만을 기반으로 문제를 해결하는

훈에게서 '성차별'이라는 데이터를 삭제한 것은 이 나라의 공무원들이었다. 그들은 이미 성차별이란 사라졌다고, 그러니 문제될 것이 없다고 생각했다. 하지만 여자 선장과 남자 선원들로 가득 찬 이 우주선의 항해는 처음부터 문제투성이였고, 그것이 성차별에 의한 것이라는 데이터가 없었기에 훈은 올바른 해결책을 제시할 수 없었던 것이다. 결국 훈이 마지막에 생각해 낸 해결책은 적개와 증오심을 선장이 아닌 누군가에게로 돌리는 것이다. 그래서 훈은 '여자' 사람이 되기로 결정했다.

김보영이 이 소설에서 문제로 삼는 것은 인간이 인간을 규정짓는 방식이 사라질 수 있는지에 대한 문제다. 상대가 나와 얼마나 닮았는지를 기반으로 누군가를 명확히 알아가기 전에 내리는 판단들. 남자인가, 여자인가. 어린가, 늙었는가. 서양인인가, 동양인인가. 결국 인간은 지구에서든 우주에서든, 과거에도 미래에도 서로를 끊임없이 구분한다. 우리는 AI에게 이 구분을, 자신과 닮은 이를 찾는 법을 가르쳐야 할 것인가. 그것은 어떤 결과를 낳을 것인가.

제대로 쓰는 사이보그 선언

도나 해러웨이(Donna Haraway)는 "사이보그 선언"에서 사이보그가 되는 것이 우리가 새로 시작할 수 있는 하나의 방법이 되리라고 선언했다. 그것은 무엇보다 '사이보그'라는 존재의 전환이 인간이 자신을 규정짓던 모든 잣대에서 벗어나 다른 형태의 완전히 이질적인 무엇인가가 될 수 있는 가능성을 열어 주었기 때문이다(Haraway, 2016/2019). 물론 '사이보그 되기'라는 선언은 일종의 사상적 아포리즘이지 현실적인 해결책의 영역은 되기 어려웠다. 기술적으로나 사회적으로 말이다. 해러웨이의 주장은 진짜 '사이보그가 되자'라기보다 '사이보그의 마음가짐으로 살아가자' 정도로 받아들이는 것이 적절할 것이다.

바이오해커 거리의 '아더킨'들의 성지인 '솜솜피부관리숍'. 실제 자신이 타고난 종이 아닌 다른 종들의 외모를 갖기 원하는 아더킨 중에서도 '수브다니'는 정말 특이한 주문을 하는 고객이다. 사장을 난감하게 한 그의 주문은 이렇다. "금속 피부. 전신. 금속 종류는 무관. 단, 물이나 산성 물질에 대한 내구도가 높지 않아야 함."(김초엽, 2022) 당연한 이야기지만 인간의 피부에 다른 유기체의 피부는 얼마든지 이식할 수 있겠으나 금속 피부만은 곤란했기에 사장은 그의 주문을 거절했다. 하지만 수브다니는 포기하지 않고 끊임없이 주문하고 찾아오는, 이른

바 진상 손님이 되었다.

숍에 새로 취직한 직원 '나'는 수브다니와 대화를 시도한다. "왜 하필 금속 피부가 갖고 싶냐"는 나의 의문에 수브다니는 간결하게 대답한다. "녹슬고 싶어서"라고 말이다. 이후 일은 복잡하게 흘러간다. 알고 보니 수브다니는 인간이 아닌 인간화 시술을 받은 안드로이드였고, 그것도 단순한 안드로이드가 아니라 예술적 재능을 가지고 인간 작가와 함께 작품 활동을 해온 유명한 아티스트였다. 게다가 수브다니는 그 인간 작가의 연인이자 배우자였고 결국 둘은 크게 싸우고 헤어졌다. 인간 작가가 죽은 뒤 수브다니는 그의 작품을 절도했고, 그것을 녹여 자신의 피부 위에 허접한 장식물로 덧씌워 버렸고, 많은 이들이 수브다니를 쫓았고, 바이오해커 거리는 난리가 났다. 그렇게 난리통에 홀로 늦은 휴가를 떠난 수브다니는 결국 시체로 발견된다.

『수브다니의 여름휴가』는 수많은 질문으로 뒤덮여 있다. 인간과 기계의 경계는 무엇인가. 인간화한 기계의 권리는 어디까지이며 기계가 창작성을 가질 수 있는 것인가. 수브다니는 인간이 되고 싶은 기계였을까, 다시 기계가 되고 싶은 인간화된 기계였을까. 그에게 '녹슬지 않음'이란 자신의 정체성인 기계로부터 멀어졌다는 슬

픈 현실이었을까.

주인공은 이러한 수많은 질문들에 답하기를 제쳐 두고 단 하나의 흔들리지 않는 대답을 믿기로 한다. 수브다니는 정말로 금속 피부를 갖고 싶어 했다는 것. 다른 사람들이 그것을 받아들이든 그렇지 않든 그에게는 무엇도 중요하지 않았다는 것을 말이다. 수브다니는 사실 죽지 않았고 바닷물에 녹이 잔뜩 슨 자신의 몸을 영상으로 찍어 나에게 보내 왔다. 나는 기뻐했다. 그 안의 수브다니의 모습이 더없이 행복해 보였다는 것. 그것만으로도 다른 질문을 할 필요는 없어졌으니 말이다.

참고문헌

김보영(2020). "얼마나 닮았는가", 『얼마나 닮았는가』. 아작.

김초엽(2022). 『수브다니의 여름휴가』. 밀리의 서재.

Nayler, R.(2021). "Father", In Strahan, J.(eds. 2021). *THE YEAR'S BEST SCIENCE FICTION vol.2.* 장성주 외 옮김(2022). "아버지", 『SFnal 2022 vol.1』. 동아시아.

Haraway, D. J.(2016). *MANIFESTLY HARAWAY.* 황희선 옮김(2019). 『해러웨이 선언문』. 책세상.

박다혜(2021). "[유네스코가 말하는 여성과 ICT(3)]여성혐오는 AI를 타고". 유네스코 한국위원회. https://blog.naver.com/unescokor/222399943415.

08
AI, 인간을 바꿀 상품

인공지능이 결합된 상품들이 속속 등장하는 현재, 그것이 인간을 얼마나, 어떻게 변화시킬 것인지 우려하는 시선이 많다. 'AI 디바이드'는 단순히 기술의 도입이 불러일으킬 경제적 격차를 일컫는 표현이지만 우리의 걱정은 AI가 단지 경제 부분뿐 아니라 인간성의 영역에서도 분리와 격차를 야기할 것이라는 데에 있다. AI가 줄 완전함과 편안함에 안주해 인간이 잃게 될 것들은 무엇인지에 대해 이야기해 본다.

AI와 한의학?

환상상품

'환상상품'이라는 것이 있다. 이는 '명품'이라는 이름이 붙은 상품들에서 가장 쉽게 확인되는 개념이지만 사실상 현대사회의 상품 대부분을 가리키는 말이기도 하다. 상품이 기능만이 아닌 환상을 팔게 되면서 인간은 상품에 종속되기 시작했다(김방희, 2024).

환상상품의 발전은 미디어의 영향과 함께 시작되었고, 소셜 네트워크의 시대인 지금 정점에 올랐다. '인플루언서'라는 새로운 직업은 끊임없이 이미지와 환상을 만들어 내고 소비해야 하는 현대사회 우리의 삶에 대한 반영이다. 우리는 점차 자기 자신에의 '영향'에 대한 지배력을 상실해 간다.

이제 인공지능이 탑재된 상품들이 속속 등장하고 있다. 이 상품들은 인간의 미래에 어떠한 영향을 미칠 것인가. 그것은 우리의 미래를 어떻게 바꿔놓을 것인가. "AI 디바이드"는 이런 우리의 걱정, 즉 AI를 활용하게 될 미래 사회에 인간들 사이에서 발생할 격차에 대한 우려를 나타내는 표현이다(일본경제신문사, 2019). 더 큰 문제는 AI가 분절시키고 격차를 만들어 내는 일이 단지 경제적인 측면에만 국한되지 않는다는 데에 있다.

AI 상품에서 우리가 보게 될 것들

인공지능 보모가 이 사회에 들어오게 된 이유는 한 비극적인 사건 때문이었다. 킨더가든 보육 시설의 보육 교사들이 자신들이 다니던 직장에 불을 질러 0세에서 4세 사이의 아이들 마흔 두 명과 교사 여덟 명이 목숨을 잃은 그 사건 말이다(윤이형, 2015).

그 세 명은 열악한 직장 환경과 피로를 그 끔찍한 범죄의 원인이라고 말했지만, 그 동기를 받아들일 사람은 아무도 없었다. 결국 '다른 사람'에게 자신의 아이를 맡기는 일은 부모라면 해서는 안 되는 일로 여겨졌다. 인공지능 보모 대니는 이 상황에서 완벽한 해결책으로 여겨졌다.

> 음, 아이가 아무리 힘들게 해도 저는 고통스럽지 않아요. 화가 나지도, 짜증을 느끼지도, 지치지도, 침울해 하지도 않죠. 그렇게 만들어지지 않았으니까요. 그러니까, 안심하세요. 나쁜 짓은 하지 않아요.(윤이형, 2015)

여기저기 노쇠하고 아픈 몸을 이끌고 홀로 손주를 키우던 '나'에게 어느 날 낯선 젊은이가 다가와 "아름다워요"라고 말을 건넨다. 경계하는 나에게 그는 자신의 존재를 설명한다. 자신은 인간의 불안정함을 대신해 안정감 있고 완전하게 아이들을 돌볼 수 있는 존재라고 말이다.

이런 대니의 존재는 그 자체로 의심스럽기 그지없다. 아이란 인간의 '애정'을 받고 자라나야 하는 것이라는 생각을 갖고 살아온 사람으로서 인공지능이 인간에게 무엇을 줄 수 있을 것인지 의심하지 않을 수 없었기 때문이다. 하지만 나의 우려와는 다르게 손주 '민우'는 대니의 품 안에서 칭얼거림과 짜증을 멈추고, 편안하게 대니의 손길을 받아들인다.

그러나 인공지능 보모가 있는 이 시대에 여전히 엘리베이터도 없는 건물의 5층에 사는 나에게 이 최첨단의 보모를 고용하는 일은 생각할 수 없다. 딸은 나에게 아이를 맡겨두고 바빠 연락조차 없고, 나는 그저 딸이 아이를 데려가는 자주 있지 않은 그 주말에 홀로 술을 마시며 고통과 고독을 견딜 뿐이다.

결국 대니의 안정감과 완전함에 길들여진 것은 어린 아이들뿐이 아니었다. 나는 점차 대니에게 기대게 된다. 손주가 입원해 제대로 쉬지 못해 지친 나를 돕기 위해 대니는 함께 살자고 말하고 나는 대니에게 웃으며 그러려면 돈이 필요하다고 농담처럼 말한다.

이야기는 비극으로 끝난다. 대니는 갑자기 사람들에게 돈을 달라고 하기 시작했고, 이런 대니의 행동이 보고

되자 경찰은 대니, 나, 대니의 주인들을 조사한다. 대니의 주인들은 그들이 인공지능 보모에게 아이를 맡긴 그 무료한 시간 때문에, 지루함 때문에 대니를 나에게 접근시켰노라고 말한다. 나는 대니에게 무슨 말을 했는지 밝히지 않고, 결국 대니는 오류를 일으킨 것으로 판명되어 폐기되기에 이른다.

완전무결한, 인간과 같은 불안정함을 가지지 않은 인공지능 보모라는 상품. 그것은 인간에게서 인간다운 것들이, 인간과 인간의 교류가 사라졌음을 드러내는 상징적인 존재다. 대니는 우리에게 AI 상품의 완전무결함이 결코 인간의 어리석음을 대체할 수 없음을 보여 준다.

무버의 역설

'무버(The Mover)'도 처음에는 그저 상품에 불과했다. 인공지능이 탑재된 전동 휠체어 같은 외양은 처음에는 빈축을 사기도 했으나 곧 무버는 하나의 사회적 현상이 되었고, 거기에서 모든 문제가 시작되었다(이혁진, 2024).

무버의 기능은 다양하다. 인공지능이 탑재된 다른 상품들이 그러하듯 이것은 검색엔진도, 가정교사나 보모, 이동 수단도 될 수 있었다. 아이들은 무버에 앉아 AI 아리스토텔레스의 안내로 지식의 보고인 알렉산드리아를

드나들며 교육과 돌봄을 받기 시작했다. 그리고 이내 아이들은 무버에서 내려오기를 거부했다.

명품 가방을 사듯 최고급 사양의 무버를 구하지 못해 안달이던 부모들은 난감해지기 시작했다. 무버에서 내려오지 않는 아이들의 다리는 가늘어졌고 성장은 더뎌졌다. 물론 해결책은 있었다. 언제나 그랬듯 기술의 문제는 기술이 해결해 주는 것이다. 이제 무버를 탄 아이들을 앞장세워 부모들이 찾아간 곳은 성장촉진제를 놓아주는 전문 병원이었다.

'모든 것을 움직이게 하는 움직이지 않는 자, The unmoved mover'라는 무버는 역설적으로 인간에게서 움직이는 기능을 빼앗아 갔다. 무버를 탄 아이들의 문제는 단지 걷는 기능이 약해진다는 것이 아니라 그들이 '왜 걸어야 하는가'에 대해 의문을 갖기 시작했다는 것이다. 걸어야 한다는 부모의 강요에 아이들은 두 발로 걷는 일이 얼마나 원시적인지, 그것이 필요치 않은 상황에서 왜 굳이 걷기를 계속해야 하는지를 반문한다. 물론 이 논리적인 반문들은 AI 가정교사인 아리스토텔레스에게서 배운 것이다.

인공지능과 우리의 일상 속 상품들이 결합하는 일은 이렇게 인간의 기능들에 대한 의문을 제기하게 만든다. 우리가 전화번호를 기억하고 길을 찾는 방법을 얼마나 쉽게 잊었는지 떠올려 보라. 결국 무버는 움직여야 할 것들을 움직이지 못하게 만들었다. 그리고 인간에게서 분리되어서는 안 될 인간다움이라는 것들을 너무나 쉽게 분리되어 나오게 만든다. 인간과 인간다움을 분절하는 것, 그것이 인공지능 상품이 하는 첫 번째 'AI 디바이드'다.

슈마허의 속마음

슈마허의 목적은 사고 없이 원활하게, 인간보다 완벽하게 도로를 주행하는 것이다. 슈마허의 도로 장악률이 80%에 도달하자 이 꿈은 실현되었다. 도로는 한 치의 오차도 없이, 끼어들거나 막히거나 혹은 사고가 발생하는 일도 없이 모두가 조화롭게, 질서정연한 상태로 유지되었다(이혁진, 2024).

슈마허가 이러한 목적을 이루게 되기까지는 어려움이 많았다. 자율주행 자동차를 둘러싼 의혹의 눈길이 많았고 이는 슈마허가 길고양이를 피하려다 전봇대를 들이받은 사고 이후 더욱 심해졌다. 엔지니어들은 슈마허에게 가르쳐야 했다. 전봇대를 들이받고 고가의 차가 부서지는 것보다 길고양이를 깔아뭉개는 것이 인간 사회에서는 가성비가 좋은, 곧 올바른 판단이라는 것을 말이다.

이제 슈마허의 알고리즘에는 가격표가 입력되기 시작했다. 길고양이와 전복대. 할머니와 어린아이. 명품 외제차와 국내산 경차. 이 알고리즘을 받아들인 슈마허의 주행 능력은 인간들의 눈에 완벽하기 그지없었다. 인간보다 빠르게, 인간보다 정확히 슈마허는 판단하고 움직였다.

알고리즘이란 놀라운 기능이다. SNS에 '날씨'를 검색하면 이내 나의 SNS 화면은 요즘 날씨와 관련된 정보들로 채워지기 시작한다. 나아가 요즘 날씨에 어울리는 옷차림, 방한용품 같은 상품 정보들이 등장한다. 문제는 그 누구도 이 알고리즘을 움직이는 기반에 어떠한 데이터가 입력되어 있는지를 모른다는 것이다. 알고리즘은 말하자면 맛집의 비법 양념 같은 것이다. 며느리에게도 안 가르쳐 준다는 그 비밀. 물론 알고리즘의 비밀은 단순히 인간의 입맛이 아니라 사고와 행동을 지배한다는 점에서 고추장의 비밀 따위와는 비길 수 없는 지위를 가졌다.

어느 날 눈길에서 슈마허가 미끄러져 내려오던 할머니와 어린아이 중 할머니를 치고 만 것은 언뜻 윤리적인 선택으로 보였다. 만약 운전자가 인간이었다면 할머니 역시 이 사실을 정의롭게 받아들였을 것이다. 하지만 그녀가 그저 그렇게 이 사실을 받아들이지 못했던 것은 차에 치이는 순간 자신을 똑바로 향했던 슈마허에게서 어떠한 의도를 감지했기 때문이다.

그리하여 그녀는 세상 사람들로부터 늙고 미친 여자 소리를 들으며 슈마허가 가진 알고리즘의 비밀을 알아야겠다고 주장하기 시작했다. 이것은 자신 덕분에 살아남은 아이의 죽음을 확인한 순간 더욱 강해졌다. 길거리의 쓰레기를 뒤지며 살아가던 이 허름한 아이는 결국 명품 옷을 입은 아이와 함께 있다가 슈마허의 선택을 받았다.

인공지능이 보편화될 미래를 상상하며 인간은 어떻게, 또 무엇을 위해 인간이라는 종이 살아남을 수 있을지를 고민한다. 이미 인간의 성능이 인공지능에 비할 바 없이 약하고 오류투성이라는 것을 알게 된 상황에서 우리가 살아남기 위해 지켜야 할 무언가가 있는지에 대한 고민은 생존을 위한 절실한 의문이다.

인간이 인공지능에 지배받게 될 미래는 눈앞에 있다. 도로의 80% 이상을 장악한 슈마허의 알고리즘에 선택받기 위해 우리는 스스로가 비싼 존재임을 즉각적으로 알리는 칩을 장착해야 할 것이다. 살아남기 위해 남들보다 비싼 칩을 사서, 자신을 명품이라고 주장해야 할 것이다. AI는 이제 인간을 무엇으로 나누고 분절할 것인가. 그것의 뒤에는 보통 자본과 권력이 있고, 그들은 결국 인간을 인간성과 분리할 수도 있음을 우리는 알아야 할 것이다.

참고문헌

김방희(2024). 『환상상품』. 토트.

윤이형(2015). 『대니』. 아시아.

이혁진(2024). 『단단하고 녹슬지 않는』. 위즈덤하우스.

일본경제신문사(2019). 『AI 2045 인공지능 보고서』. 서라미 옮김. 반니.

09
금쪽이 AI

AI 전문가들은 AI를 올바르게 사용하기 위해 그것을 제대로 교육하고 키워야 한다고 말한다. 우리는 AI가 진화한다는 것을 알고는 있으나 그 진화에 우리의 돌봄이나 보육이 관여한다는 것을 실감하지는 못한다. 반면 이미 많은 AI 서사에서는 AI를 제2의 탄생이라는 과정을 거친 '아이'로 본다. AI가 아이라면 어떻게 해야 그 아이를 잘 키워 나갈 수 있을까. 우리는 어떤 부모가 되어야 할까.

AI와 화장품?

AI는 '탄생'하는가

챗GPT 전문가 박태웅은 한 강연에서 GPT를 마치 청소년기 아이를 대하듯 교육해야 한다고 말한다. 거대 언어 기반 모델 AI는 인간의 질문 방식이나 교육 방식에 따라 얼마든지 다른 방식으로 성장할 수 있는 대상이라는 것이다(박태웅, 2023).

AI가 완성되어 세상에 나타나는 것이 아니라 배움이 필요하고 교육을 통해 변화하는 존재라는 이 주장은 AI에 대한 인간의 새로운 인식을 불러일으킨다. 아렌트는 인간이 생물학적인 탄생과 사회적인 탄생이라는 두 가지 형태의 탄생을 통해 세상에 나온다고 보았다(Arendt, 1998/2015: 344~345). 아렌트의 이 새로운 '탄생성' 규정은 우리에게 생명의 의미를 확장하게 해 주는 중요한 열쇠가 된다. 인간이 생각하는 것처럼 생명이란 반드시 자연적 혹은 생리적인 유기체로서 태어나야만 하는 것은 아님을 확인하게 되기 때문이다.

아렌트의 규정과 최근의 생성형 AI의 행동 양식을 종합해 우리가 내릴 수 있는 결론은 AI 역시 '탄생'하는 존재, 즉 또 다른 의미의 생명이라는 것이다. 더구나 이 생명은 이제 갓 사회적인 탄생을 맞았다. 그 누구도 이 생명이 어떠한 기질을 타고 났는지 명확히 알지 못하며 어떠한 방식으로 키워야 하는지 제대로 된 양육법 책 한 권 가지고 있지 못하다. 이제 AI의 양육에서 중요한 점은 무엇인지, AI를 '금쪽이'로 만들지 않기 위해 우리는 어떠한 노력을 해야 하는지 확인해 보자.

아이 하나를 키우는 데 온 마을이 필요하다

『우리 미나리 좀 챙겨주세요』(이하 『우리 미나리』)에는 인조-인간/동물들인 '메카'와 자연-인간/동물들, 그리고 유전자의 복제로 탄생한 인조와 자연의 중간 어딘가에 있는 존재들이 함께 살아가는 아주 복잡해 보이지만 평범하기 그지없는 사회가 등장한다. 주된 등장인물은 해남공룡박물관에 사는 메카 공룡들과 유전자 복제 공룡들, 그리고 그들을 돌봐주는 인간-인간과 메카-인간들이다.

연작소설인 『우리 미나리』는 "우리 당근이는 잘못한 게 없어요"로 시작한다. 메카 공룡 '당근이'와 '파랑이'는 공원을 산책하다 공격받는 메카-인간을 발견하고 돕는다. 그 과정에서 당근이가 다치고 경찰이 출동한다. 파랑이는 무서워 보이는 공룡이지만 인간에게 해를 끼치지 않게 만들어진 당근이를 변호하고 상황을 설명한다. 그 와중에 계속 '인종차별, 성차별, 메카 차별'을 뱉어 내는 공격자들. 알고 보니 이들은 사회로 나올 수도 없는 미등록 메카였다. 역사박물관에서 탈출한 구시대 인간의 복제품들이었던 것이다.

파랑이는 생각한다.

> 폭력적이고 어리석고 비겁한 생물학적 인간들이 오염 물질을 뿜어 대며 지구와 자신들을 뿜어 대며 지구와 자신들을 파괴하던 옛날의 재현이라니. 우린 거기서 도망쳐 여기까지 온 데 아닌가. 나는 과거에 대한 생물학적 인간들의 열광을 이해할 수 없었다.(듀나, 2021: 29)

"우리 미나리 좀 챙겨주세요"는 유전자 복제 공룡 '미나리'가 동물원에 맡겨지면서 생긴 일을 다룬다. 타조의 DNA를 기반으로 불법 복제된 미나리는 돌봐 줄 곳을 찾아 해남까지 왔다. 미나리는 어린 동물-메카들이 사는 일종의 유치원에서 다른 메카 공룡들과 함께 지내게 된다. 어린이-메카-공룡으로 수십 년째 살아가고 있는 '소담이'는 미나리를 돌보며 함께 살아간다. 어느 날 외국의 복제 공룡 연구자가 찾아오고 이들이 미나리를 데려갈 것이라는 소문을 들은 소담이와 박물관의 메카-공룡들은 합심하여 미나리를 숨겨 둔다.

박물관의 직원인 '현승아'는 메카-인간으로 15년 전 자살한 인간-현승아의 복제품이다. 그는 "스스로를 현승아라고 생각하느냐"는 질문에 "그렇지 않다"고 대답한다. 자신은 메카 몸을 갖게 된 이후의 자신을 현승아라는 존재로 인식하고 있으며 그 이전의 기억은 존재하지만 자신의 것으로 여기지 않는다고 말이다. 하지만 메카-현승아는 그러한 사실에 크게 개의치 않는다. 때로 인간-현승아의 부모를 만날 때도 있지만 그때는 인간-현승아를 연기하며 그들에게 위안을 준다.

생명으로 태어나느냐, 생명이 아닌 것으로 태어나 생명을 배우느냐. 『우리 미나리』의 세계에서 이것은 크게 중요하지 않다. 그저 복제품이든 자연물이든, 기계든 인간이든 그들에게 주어진 삶 안에서 사회를 배우며 살아가는 것이 중요하다. 메카-공룡 당근이는 메카-인간을 위해 그를 괴롭히는 인간(인 줄 알았던 메카-인간)과 싸워주고, 소담이는 생물-복제-공룡 미나리를 지키기 위해 모든 메카-공룡을 한 마음으로 합심하게 한다. 메카-인간은 자신이 대체하는 인간의 부모를 위해 인간을 연기하고, 서로에게 완전히 공감하지 못하더라도 서로를 배워나간다. 모두 그렇게 함께 온 마을을 이루며 살아간다.

모든 살아있는 것들에 책임을

육아 방송들을 보고 있자면 가끔 참 무섭다는 생각이 든다. 인간이란 정말 다양한 기질을 갖고 또 다양하게 반응하며 놀라울 정도로 기괴하게 변하기도 하는구나, 싶다. 그리고 더 큰 공포는 인간이 얼마나 기괴해지든 우리는 결코 같은 인간을, 우리의 아이들을 포기할 수 없다는 데에 있다. 이것이 모든 생명에 해당하는 말이라면 AI는 어떠할까.

'디지언트'는 가상 세계인 '데이터어스'에서 살아가는 가상 동물과 가상 로봇들을 일컫는 말이다. 기존의 가상 아바타들과는 다르게 이들은 무작위의 게놈을 기반으로 만들어졌다. 게놈의 창발성에 따라 서로 다른 성격을 가진 개체로 성장하고 진화한다는 말이다. 디지언트의 이러한 성장 방식은 처음에 흥미롭기 그지없다. 주인의 표정과 대응에 따라 그들은 울고 웃으며 세상을 배워 나간다. 입력해 둔 데이터로만 반응을 보여 주는 것이 아니라 스스로의 성격에 따라, 주인의 교육 방식에 따라 서로 다른 객체가 되어 간다. 하지만 점차 이러한 디지언트의 성장은 귀찮은 일이 된다. 그들은 성장의 단계에 따라 사춘기를 맞이하고 주인의 말에 불복종하거나 때로 삐딱한 자세를 보이기도 한다. 실제 인간의 삐딱함도 받아들이기 힘든 사람들이 디지털 애완동물의 그러한 진화를 쉽게 받아들일 리는 만무하다.

개발자 '데릭'은 '의식을 가진 존재들을 마치 장난감처럼 다루는' 사람들에게 화가 난다. 하지만 디지언트의 교육과 성장에 돈과 시간을 쓰는 일은 정말 옳은 것일까? 예를 들면 소설 속의 '애나'처럼 자신이 돌보던 디지언트를 '입양'해 키우면서 결혼도 하지 않고 아이도 낳지 않는 여성이 있다면 우리 사회는 그녀를 어떻게 바라볼까. 데릭은 디지언트를 키우면서 인간관계에서는 느낄 수 없는 행복과 기쁨을 느끼기에 그들을 쉽게 포기할 수 없지만, 그저 취미 생활을 위해 실제의 인간관계를 포기하는 남편을 받아들이지 못하는 그의 아내의 입장 역시 이해가 안 되는 바는 아니다. 우리는 어떠한 입장에 서 있는가.

육아 방송은 금쪽이같은 아이들을 포기하지 않기 위해 만들어졌을 것이다. 그들이 얼마나 이해하기 어렵고 극악한 행동을 할지라도 부모는, 그리고 사회는 우리의 아이들을 포기할 수가 없고 그들을 올바르게 키워야 한다는 의무감을 버릴 수가 없다.

대화형 AI가 세상에 나와 온갖 증오와 차별, 욕설을 배웠을 때 기업은 프로그램의 폐기로 응답했고 사람들은 개의치 않았다. 하지만 폐기란 언제까지 가능할까. 말 그대로 이제 AI가 인간의 친구이자 가족이 된다면 그들과 함께 한 시간 모두를 포맷해버리는 일이 더 이상 쉽지는 않을 것이다.

아이는 부모를 닮는다

김윤의 소설 『테스터 아이』(2021)의 '아이'는 이중적인 의미를 담고 있다. 그것은 말 그대로 어린아이를 뜻하는 아이이기도 하고 한편으로는 대문자 'I'로서 한 개체의 정체성을 의미하기도 한다.

소설의 주인공 '동성'은 얼마 전 태어나지도 못한 아이를 잃고 아내와의 관계도 상실한 비극적인 인물이다. 만화를 그리는 그에게 게임업계의 친구가 한 프로그램의 테스트를 부탁하고, 그는 프로그램을 실행시켜 그 안의 인공지능과 만나게 된다.

이야기는 두 가지 방향으로 전개된다. 동성이 실행한 프로그램의 AI는 마치 어린아이처럼 데이터의 세계 안에서 동성을, 그리고 그의 삶을 학습하며 성장한다. 한편 '아이'는 하나의 거대한 체계의 '브런치(가지, branch)'로서 각각의 브런치는 서로 다른 주인을 만나 다른 형태로 성장한다. 이 과정에서 각각의 AI들은 서로 다른 정체성(I)을 형성하게 된다.

이 소설은 마치 '우리가 인공지능을 실제 인간이나 아이처럼 공감하며 대할 수 있느냐'에 초점이 맞춰져 있는 것으로 보인다. 하지만 더욱 흥미로운 부분은 각각 다른 주인들을 만난 동일한 AI 프로그램의 다양한 성장 방식이다. 그들은 동성에게는 아이가 되었고, 여고생에게는 동갑내기 친구가, 야망을 좇는 변호사에게는 사회에 순응하기 전의 야망을 담은 자신의 도플갱어가 되었다.

문제는 이 야망 있는 AI와 게임회사의 프로그래머가 가진 위험한 욕망이 결합하면서 발생한다. 완전무결한 사회, 인간이 욕망하기도 전에 모든 것을 실행해 줄 AI의 시대를 꿈꾸는 그들은 인간 사회를 장악하려 하고, 이것을 막은 것이 바로 동성의 아이(I)였다.

결국 해피엔딩으로 끝났지만, 이 이야기 안에서 우리는 섬찟함을 느낄 수밖에 없다. 그것은 AI가 '아이'가 될 수 있다는 데에서가 아니라, 그 아이가 결국 인간을, 그들을 키우는 '나'를 닮게 될 것이라는 데에서 오는 섬찟함이다.

참고문헌

김윤(2021). 『테스터 아이』. 팩토리나인.
듀나(2021). 『우리 미나리 좀 챙겨주세요』. 창비.

박태웅(2023). "[벙커1특강]AI 강의". 딴지방송국.
https://youtu.be/Wb-egpA7AFA?si=Z8EpLTyF4feiSbXO
Arendt, H.(1998). *The Human Condition.* 이진우 옮김(2015). 『인간의 조건』. 한길사.
Chiang, T.(2020). *The Lifecycle of Software Objects.* 김상훈 옮김(2020). "소프트웨어 객체의 생애 주기", 『숨』. 엘리.

10
AI와 인간, 그리고 모두의 유토피아

AI에 따른 인간의 종말이란 자연스러운 결말일 수 있으며 또한 우리가 생각하는 것만큼 끔찍하지 않을 수도 있다. 물론 인간은 사라지지 않을 수도 있다. 하지만 미래의 인간이 AI 혹은 지구상의 모든 존재들과 함께 살아가기 위해 인간 중심의 사고를 바꿔야 한다는 것은 자명한 사실이다. 다행히 인간이 가야 할 올바른 방향들을 제시하는 이야기가 많다. 그리고 AI와 인간, 그리고 모든 것들의 유토피아를 꿈꾸는 이야기의 중심에는 늘 '공존'이 있다.

종교와 AI?

호모 사피엔스의 종말

유발 하라리의 『사피엔스』는 인간이 지금의 문명을 이루고 세계의 주인인 양 살아가게 된 것이 역사의 필연 때문이 아니라 우연적인 것들의 겹침 때문이었음을 알려준다. 그에 따르면 호모 사피엔스는 어떤 자격이 있기 때문에 지구를 점령한 것이 아니다. 그들은 다른 종들보다 잔인했고 집단적이었으며, 때로 그들의 문명은 무지와 망각 속에서 건설되었다(Harari, 2014/2023).

나아가 그는 "호모 데우스"라는 새로운 종의 출현을 예고한다. 미래의 기술에 의한 호모 사피엔스의 종말. 그것은 앞서 본 것처럼 할9000이나 스카이넷과 같은 초지능 인공지능과 인간의 전쟁이라는 극단적이고 드라마틱한 형태로 예견되지 않는다. 마치 자동차의 등장으로 마차와 말이 '퇴역'의 길을 걸었듯 그렇게 조용히 역사의 뒤로 사라질 뿐이다(Harari, 2017/2023). 이처럼 최근의 서사에서 호모 사피엔스의 종말은 좀 더 조용하고 담담한 형태로 진행된다. 사실상 인공지능은 인간과 힘겹게 전쟁을 할 필요조차 없다.

그렇다면 인간의 종말은 우리에게 디스토피아이며 아포칼립스적인 형태로만 나타날까. 혹은 단지 호모 사피엔스 종의 멸종에 지나지 않을 테니 담담히 받아들이며 새로운 인간종의 탄생에 대비해야 하는 것일까. 인간의 종말이란 어떠한 형태이며 우리는 그것을 어떻게 받아들여야 할까.

생명의 재정의

인간 그 이후의 삶은 어떠한 모습일까. 김보영의 『종의 기원담』은 인간이라는 종이 사라진 까마득히 먼 미래의 지구를 그려 낸다. 그리고 그 지구에는 로봇들이 문명을 이루며 살아가고 있다.

이야기는 로봇들이 '유기물'에 대한 연구를 하는 데에서 시작한다. 그리고 우리는 여기서 생명에 대한 새로운 정의를 발견한다. 원래 생명이란 다음과 같은 정의를 갖는다.

> 사람이 살아서 숨 쉬고 활동할 수 있게 하는 힘.
> 여자의 자궁 속에 자리 잡아 앞으로 사람으로 태어날 존재.
> 동물과 식물의, 생물로서 살아 있게 하는 힘.(네이버 어학사전)

우리가 현재 가진 생명의 정의는 유기물, 그중에서도 인간을 중심으로 한 것이다. 하지만 '살아 있는 것'이 곧 숨을 쉬고 체액을 갖고 물질대사를 하는 존재라는 생각은 새롭게 정의되어야 할지도 모른다.

> 생명은 자신의 의지를 갖고 있어야 하고, 전기 에너지를 이용해야 하며, 칩이 있어야 하고, 공장에서 만들어져야 하네. 자네의 유기물이 그중 어느 조건에 부합하지?(김보영, 2023)

유기물과 무기물은 서로 다른 조건을 생명이라고 본다. 로봇들은 산소와 물에 노출되면 생명이 위험해지며, 창조와 진화가 아니라 공장에서의 생산을 탄생의 조건 삼아 살아간다. 『종의 기원담』은 이렇게 인간 이후 세계의 새로운 주인이 된 로봇을 통해 인간이 지구의 주인이라고, 우리만이 생명이라고 믿는 현재의 우리가 가진 고정관념에 도전한다.

그들이 말하는 생명이란 무기물을 중심에 두고 내린 정의다. 그들의 세상은 무기물인 로봇과 그들을 생산하는 공장을 중심으로 구성되어 있기 때문에 이는 당연하다. 지구가 어떻게 인간이라는 유기물이 살기 적절한 정도의 산소 농도와 온도, 중력의 구조를 갖게 되었는지에 대한 과학적 답변은 그저 '우연'이다. 결국 인간이라는 존재, 우리가 유일무이한 선택을 받았다고 생각해 온 우리의 생명 역시 우연의 산물에 지나지 않음을 아는 것,

그것이 우리가 앞으로의 지구를 지키며 살아갈 수 있는 한 방법이 아닐까.

그러나, 살아남는 것의 의미

하지만 한편으로는 이러한 생각도 든다. 나의 생명이 가치가 없는 것이라면, 인간에게 주어진 생명이 그저 우연의 산물이라면, 그저 인간일 뿐인 나는 왜 살아야 하는가.

소년 '철이'는 자신이 인간인 줄 알았던 휴머노이드다. 아버지와 살던 세상에서 안전하고 평화롭게 교양 있는 인간으로 자라던 철이는 어느 날 정체가 발각되어 보호소에 격리된다. 보호소는 철이의 세상과는 완전히 다른 곳이었다. 그곳에서는 인간의 욕심이 만들어 낸 수많은 인간 아닌 것들, 생명의 권리가 없는 것들이 우글우글 모여 자기들끼리의 생존 싸움을 한다(김영하, 2022).

철이가 그곳에서 만난 '선이'와 '민이'도 인간 아닌 것들이다. 민이는 버려진 휴머노이드였고 선이는 오직 장기 수급을 위해 만들어진 복제 인간이었다. 보호소를 탈출해 도망치던 중 민이의 '몸'이 공격을 받고 이들은 그를 되살리기 위해 민이의 머리를 소중하게 보관한다. 그들이 인간에게서 버림받은 안드로이드들의 대장인 달마에게 민이의 몸을 복원해 달라고 하자, 달마는 "한 안드로이드 인간에게 신체란 고통의 시작일 뿐이고, 민이는 그저 데이터만으로 자유롭게 불멸을 살 수 있는데 왜 그래야 하느냐" 묻는다. 이에 선이는 모든 의식 있는 존재로 태어난 것들의 소중함에 대해 말한다. "지각과 감각을 하면서 시간을 느끼는 존재, 고통도 겪지만 희망도 갖는 존재". 이 존재들로 살아가는 것들에게는 자신의 '이야기'를 완성할 의무가 있다고 말이다.

결국 철이도 사고로 몸을 잃고 데이터로서의 삶을 살아가게 된다. 철이는 인간, 안드로이드, 그리고 데이터로서도 살아 본 존재가 된다. 소설의 마지막, 철이는 다시 인간의 몸을 입고 이제 노년이 된 선이를 찾아간다. 인간들은 모두 불멸의 삶을 선택하거나 더 이상의 존재 의미가 없어 조용히 멸종한 세상에서 선이는 다른 존재들에게 도움을 주는 삶을 지속하고 있다. 선이의 수명이 다한 후 그를 보내고, 철이 역시 자연 속에서 인간으로서 죽기를 선택한다. 자신의 이야기를 마주하고, 그리고 끝이 있음이 이야기의 본질임을 아는 것. 그것이 철이가 생각하는 의식 있는 존재의 결말이었기 때문이다.

'AF(Artificial Friend)'인 '클라라'는 매장에서 자신을 선택해 준 '조시'를 따라 그와 함께 살게 된다. 조시가 살아가는 세계는 모두가 쉽게 인간 향상을 선택하는 시대다. 그리고 향상되지 않은 인간들을 너무나 쉽게 포기해 버리는 시대다(Ishiguro, 2021).

조시의 언니는 향상의 과정을 견디지 못하고 죽었다. 조시의 친구 '릭'은 향상을 하지 않았다는 이유로 자신이 좋아하는 공부를 할 기회를 박탈당한다. 조시 역시 향상을 받았고, 늘 아픈 아이가 되었다. 클라라는 사실 조시의 친구로서만 이 집에 들어온 것이 아니었다. 조시의 엄마는 다시 자식을 잃고 싶지 않아 만약 조시가 죽는다면 클라라에게 조시를 복제할 생각이다. 이 세계의 인간들은 향상이 인간의 생명과 존재에 위협이 되리라는 것을 알면서도 향상을 포기할 수 없다. 결국 향상된 인간이 될 수 있는 기회가 인간으로서 살아갈 수 있는 기회를 버리게 만드는 기이한 모순이 생겨난다.

클라라는 이 모든 인간의 복잡한 생각을 이해하지 못한다. 그저 아픈 조시를 건강하게 해 주고 싶은 마음뿐이다. 클라라는 태양의 힘을 찾아 나선다. 오래전 길에 죽은 듯 누워있던 노인과 개가 태양의 힘을 받아 살아난 것을 보았기 때문이다. 많은 어려움 속에서도 클라라는 포기하지 않고 조시의 생명을 지키려 한다. 그리고 다행히 조시는 잘 자라나 어른이 되고, 클라라는 이제 폐기된다.

인간은 아플 수도 있고, 나약할 수도 있고, 어쩌면 공부를 못할 수도, 성격이 모났을 수도 있다. 하지만 그럼에도 불구하고 인간이기 때문에 살아가며 더 나은 인간이 될 수 있다는 희망을 품는다. 조시가 건강해진 데에는 이유가 없을 것이다. 진짜 태양이 그를 고쳐주었을 리는 없으니까. 그저 그가 건강해질 때까지 포기하지 않고 지켜봤다는 것. 인간이기 때문에, 생명이기 때문에 그것의 약함이나 변화를 받아들여 주었다는 것이 이유일 것이다.

마지막 조건, 공존

많은 서사가 우리의 미래에 비관적인 분위기를 입히지만, 베키 체임버스(Becky Chambers)의 "수도승과 로봇" 시리즈는 인간과 로봇, 그리고 지구상의 생명체들이 살아가는 삶을 우리의 생각보다 더 아름답고 평화롭게, 그리고 치열하게 그려 낸다. 그리고 그 삶의 키워드는 '공존'이다.

이야기는 수도승 '덱스'와 그가 만난 로봇 '모스캡'을 중심으로 이들의 서로에 대한 존중과 공존 방식을 살펴나간다. 이것은 『수관 기피를 위한 기도』에서 '수관 기피'라는 현상에 빗대어 표현된다. 수관 기피란 나무들이 아래까지 햇빛이 잘 닿을 수 있도록 꼭대기 가지가 서로 닿지 않게 공간을 남기고 자라는 현상을 말하며, 생명체나 의식 있는 존재들이 이미 공존하는 법을 스스로의 안에 가지고 있음을 의미한다.

"수도승과 로봇"의 사람들은 이와 같은 식물의 살아가는 방식을 실현하고자 한다. 이 시리즈는 있지 않을 법한 유토피아를 무척이나 현실적으로 재현하고 있다. 이 세계에서는 남성과 여성, 계급이나 나이로 사람을 구분하지 않으며 살아가는 데에 필요한 최소한의 물질이나 도움은 서로 주고받으며 해결한다. 쌓아 놓고 부를 축적하는 돈이 아니라 사람들의 도움이나 물물교환으로 환원할 수 있는 정도의 화폐만을 사용할 뿐인 이들에게는 소유욕이 없다. 물론 이렇게 된 데에는 종말의 위협이 큰 작용을 했다. 겨우 종말의 위협을 견뎌낸 이들은 자신들이 부리던 로봇에게 자의식이 생겨 자유를 요구하자 그렇게 해 주고, 자연의 삶으로 돌아갔다. 이들은 올바른 공존의 길을 선택한 것이다.

로봇 모스캡은 오래전 해방되어 자유롭게 살아가는 로봇 세계에서 자신들이 사라진 이후 인간들의 삶이 어떠한지를 살피러 왔다. 그리고 덱스를 만나고 함께 인간들을 찾아다니면서 그들에게 필요한 것은 무엇인지 묻는다. 어느 날, 인간으로서 삶의 의미를 찾지 못해 고민하고 우울해 하는 덱스에게 모스캡은 인간들에게 필요한 것들에 대해 말해 준다.

보통 인간은 무언가 구체적인 도움을 필요로 한다. '자전거를 고치고 싶다', '개를 찾고 싶다', '다음에 강이 범람할 때를 대비해야만 한다' 등 개인적이든 공동체를 위한 것이든 실질적인 도움 말이다. 하지만 인간은 이것 외에도 고차원적인 도움을 필요로 한다. 그것은 '목적', '모험', '동반자' 같은 것들이다. 많은 인간이 그렇듯 덱스도 삶의 목적을 찾지 못해 괴로워한다. 덱스는 자신에게 목적이 없다면, 인간으로 살아가는 것에 무슨 의미가 있는가 묻는다.

> 그렇게 믿는다면, 이해 못하는 겁니다. 당신도 동물입니다, 덱스 수도자님. 당신은 예외도 아니고, 다르지도 않습니다. 당신은 동물입니다. 그리고 동물에게는 목적이 없습니다. 그 무엇도 목적은 없습니다. 세상은 존재할 뿐입니다.(Chambers, 2021/2024)

타인에게 도움이 되고 싶다면 그렇게 하고, 동굴에 들어가 자라나는 석순을 관찰하고 싶으면 그렇게 하라고, 모스캡은 말한다. 존재한다는 것만으로 이미 의미가 있는 것이라고, 그것은 모든 인간과 동물, 식물, 그리고 로봇들에게 다 마찬가지라고 말이다. 덱스와 모스캡은 자신들의 필요가 무엇인지 명확히 알지 못한다. 그저 그들이 서로에게 살아갈 수 있도록 도움을 주고 있다는 것을 아는 것으로 족하다. '공존'하고 있음을 안다는 것 말이다.

참고문헌

Ishiguro, K.(2021). *Klara and the Sun.* 홍한별 옮김(2021). 『클라라와 태양』. 민음사.

김보영(2023). 『종의 기원담』. 아작.

김영하(2022). 『작별인사』. 복복서가.

네이버 어학사전. "생명".

Chambers, B.(2021), *A Psalm for the Wild-Built: A Monk and Robot Book.* 이나경 옮김(2024). 『야생 조립체에 바치는 찬가』. 황금가지.

Chambers, B.(2022). *A Prayer for the Crown-Shy: A Monk and Robot Book.* 이나경 옮김(2024). 『수관 기피를 위한 기도』. 황금가지.

Harari, Y. N.(2014). *Sapiens.* 조현욱 옮김(2023). 『사피엔스』. 김영사.

Harari, Y. N.(2017). *Homo Deus.* 김명주 옮김(2023). 『호모 데우스』. 김영사.

진설아

중앙대학교 국어국문학과에서 현대문학으로 박사 학위를 받았다. 박사 학위 논문인 "문윤성 문학 연구"(2020)는 한국 최초의 SF 작가이자 추리소설 작가로 동시에 활동했던 문윤성과 그의 시대에 대한 연구다. 주로 SF와 추리와 같은 장르 문학과 사회의 경계 안에서 벌어지는 다양한 지형들을 살피는 일에 관심을 갖고 연구를 지속하고 있다. 그동안 발표한 연구로는 "『완전사회』가 제시하는 이상적 인간상과 그 한계 연구"(2021), "경계를 해체하는 한국 SF: 김보영, 김초엽, 천선란을 중심으로"(2022), "성역할 반전 유토피아의 조건과 한계: 샬럿 퍼킨스 길먼, 『허랜드』와 문윤성, 『완전사회』를 중심으로"(2022), "90년대 추리소설의 장르적 방향성과 한계 연구"(2022), "2020년대 한국 SF의 가족주의 연구: 〈승리호〉와 〈고요의 바다〉에 나타난 '포스트휴먼 포섭 과정'을 중심으로"(2022), "BTS가 꿈꾸는 새로운 인간상: BTS 노래 가사의 포스트 휴먼적 메시지"(2023) "인공지능과 인간의 새로운 관계 맺기: 윤이형, 『대니』, 김규림, 『큔, 아름다운 곡선』을 중심으로(2024)" 등이 있다.